Vegetarische Kochschule

Barbara Rias-Bucher

Vegetarische Kochschule

Südwest

Inhalt

Vegetarische Küche ganz einfach köstlich

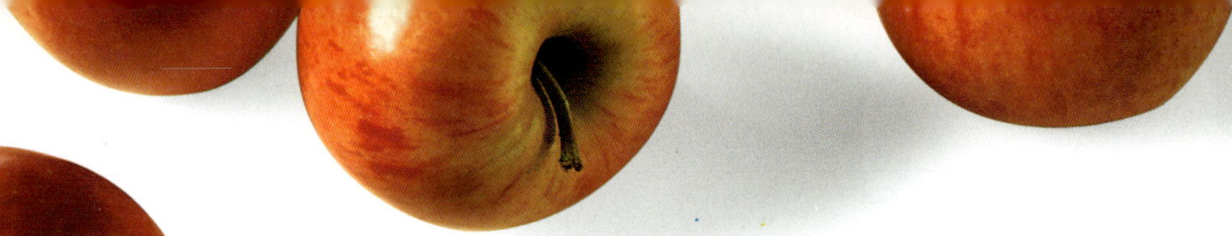

Gemüse für die Gesundheit

Tendenz steigend: Vor zehn Jahren lebten 0,6 Prozent der Deutschen vegetarisch. Inzwischen sind es schon 3,6 Prozent.

Gemüse liegt seit Jahren im Trend, und die Anzahl der Vegetarier steigt ständig: Allein in Deutschland sind es mittlerweile etwa 3 Millionen. Hinzu kommen die vielen Menschen, die nur wenig Fleisch und Fisch essen und stattdessen lieber Gemüse und Kartoffeln, Nudeln und Reis wählen.

Bei Vegetariern unterscheidet man drei Gruppen:

- Ovo-Lakto-Vegetarier essen außer pflanzlichen Lebensmitteln auch Produkte von lebenden Tieren, also Eier, Milch und Milchprodukte wie zum Beispiel Käse, Quark, Joghurt, Sahne und Crème fraîche.
- Lakto-Vegetarier essen Pflanzenkost, Milch und Milchprodukte, verzichten jedoch auf Eier.
- Veganer essen überhaupt keine Lebensmittel, die von Tieren stammen – also weder Milch, Eier noch Honig – sondern nur pflanzliche Produkte.

Während lakto-vegetarische und vor allem veganische Kost wegen möglicher Mangelerscheinungen als gefährlich gilt (besonders für Kinder und Jugendliche), bietet die ovo-lakto-vegetarische Ernährung für die Gesundheit nur Vorteile. Wissenschaftliche Studien haben gezeigt, dass Vegetarier, die

Die Deutsche Gesellschaft für Ernährung empfiehlt pro Tag

- 200 Gramm Gemüse
- 75 Gramm Rohkost oder Salat
- 200 bis 250 Gramm Obst
- 250 Gramm Brot (möglichst zu einem großen Teil als Vollkornbrot)
- 250 Gramm Kartoffeln
- 75 Gramm Nudeln oder Reis

Mit vegetarischer Ernährung kommen Sie leicht auf diese Mengen.

Milchprodukte und maximal drei Eier pro Woche essen, kaum Probleme mit Körpergewicht, Verdauung, Blutdruck und Cholesterin kennen. Seit einigen Jahren werden die Inhaltsstoffe von pflanzlichen Lebensmitteln intensiv erforscht. Es hat sich gezeigt, dass sich die so genannten sekundären Pflanzenstoffe (auch Bioaktiv-Stoffe oder plant chemicals genannt) von Obst, Gemüse, Kartoffeln, Getreide, Hülsenfrüchten, Gewürzen, Kräutern, Nüssen und Samen ähnlich positiv auf den Organismus auswirken, wie man es bisher nur von Heilpflanzen kannte. In der Pflanze selbst sind diese Stoffe verantwortlich für Aroma und Farbe oder für die Abwehr natürlicher Feinde. Sie schützen den Körper vor Krebs erregenden Substanzen, stärken das Immunsystem, helfen bei der Abwehr von Infektionen und unterstützen die Aufnahme von Mineralstoffen und Vitaminen.

Kohlenhydrate

Sie liefern uns Energie: Stärkereiche Lebensmittel wie Vollkornbrot, Kartoffeln, Nudeln, Naturreis und Hülsenfrüchte lassen den Blutzuckerspiegel langsam ansteigen, und wir fühlen uns angenehm satt. Nach dem Essen sinkt der Blutzuckerspiegel langsam wieder ab, so dass wir lange satt bleiben.

Ballaststoffe

Darunter versteht man Pflanzenbestandteile, die wir nicht verdauen können. Sie gelangen nahezu unverändert in den Dickdarm und ernähren dort nützliche Bakterien. Diese Mikroorganismen vermehren sich und halten durch ihre Fülle die schädlichen Bakterien in Schach. So bleibt der Darm gesund, die Verdauung funktioniert und die Schadstoffe, die wir mit der Nahrung aufnehmen, werden rasch wieder ausgeschieden. Bestimmte Ballaststoffe in Obst und Getreide kurbeln auch den Verbrauch von Cholesterin an und helfen so, die Blutfettwerte im gesunden Rahmen zu halten.

Obst und Gemüse, Kräuter und Gewürze, Nüsse und Samen, Getreide und Kartoffeln können im Körper wie Heilpflanzen wirken.

Genuss auf vegetarische Art

Es ändert sich kaum etwas, wenn Sie von heute an vegetarisch essen, denn die Hauptbestandteile unseres täglichen Speisezettels stammen ohnehin aus der fleischlosen Küche: Morgens essen die meisten von uns Müsli, Brot, Butter und Marmelade. Als Imbiss im Büro gibt's dann Joghurt und Obst. Mittags mögen wir was Leichtes, und auf diesen Trend zur schnellen Pasta oder großen Salatplatte, zu türkischen Mezze oder italienischen Antipasti haben sich Gastronomen und Feinkostläden, Supermärkte und Warenhäuser schon lange eingestellt. Erst abends und am Wochenende wird dann so richtig aufgekocht. Und da liegt auch der Punkt, wo Sie vielleicht umdenken müssen: Statt der Wurstplatte kommt eine Salatplatte mit marinierten Pilzen auf den Tisch, statt des sonntäglichen Menüs aus Suppe, Braten, Gemüse und Kartoffeln genießen Sie Tomatentatar mit Parmesan und Toast, Gemüsemaultaschen und Zucchinisalat oder ein Auberginencurry. Das Dessert bleibt wie gewohnt. Die vegetarische Küche ist genauso üppig und bunt wie jede andere Feinschmeckerküche. Sie besteht nicht aus Eintöpfen oder Vollkorn und hat rein gar nichts mit Diät oder Gesundheitskost zu tun, sondern steckt im Gegenteil voller Phantasie und Genuss und lädt ein zum Experimentieren.

So vielfältig die Pflanzen sind, die wir essen können, so abwechslungsreich ist die vegetarische Ernährung.

Pasta aus Fernost

Asiennudeln sind leicht zu bekommen: Im Supermarkt gibt es Glasnudeln und chinesische Instant-Eiernudeln, die man nur mit kochendem Wasser übergießt und ziehen lässt. In Naturkostläden finden Sie feine oder dünne Reisnudeln und echte japanische Buchweizenspaghetti. In Asien- und Feinkostläden bekommen Sie schmale und breite, grüne und weiße Nudeln – mit oder ohne Ei.

Kleiner Einkaufsführer

Die vegetarische Küche ist weltweit verbreitet und besonders in Asien und den Ländern der pazifischen Inseln sehr vielfältig. Deshalb geben viele Lebensmittel aus diesen Regionen ganz einfachen Gerichten mit Nudeln, Gemüse, Reis oder Hülsenfrüchten viel mehr Pfiff. Die meisten dieser Produkte sind auch bei uns leicht zu bekommen: in ausländischen Lebensmittelgeschäften und in Naturkostläden mit einem großen Angebot an Gewürzen, Hülsenfrüchten, Getreide, Tofu, Soja- und anderen Würzsaucen, Meeresalgen und weiteren fernöstlichen Spezialitäten.

Einkaufen

Die meisten Lebensmittel gibt es dort, wo Sie auch sonst einkaufen: im Supermarkt und Tante-Emma-Laden, beim Gemüsehändler und auf dem Wochenmarkt. Wenn Sie bisher schon im Naturkostladen und Reformhaus, beim Biobauern oder Gärtner eingekauft haben – umso besser. Denn diese Einkaufsquellen garantieren noch mehr Vielfalt auf dem Speisezettel.

Schnelle Lebensmittel nutzen

Trotz ihrer langen Tradition ist die vegetarische Küche eine moderne Küche. Das bedeutet viel Frisches: Gemüse und Salat, Obst und Kräuter. Es bedeutet auch, gut und schnell zu kochen, wenn die Zeit drängt. Nutzen Sie das Angebot an bequemen Convenience-Produkten: Halbfertiggerichte, kleine Delikatessen oder fertig zubereitete Antipasti erleichtern die Arbeit in der Küche, ohne dass Sie sich mit simplem Fastfood begnügen müssen.

• Im Naturkostladen und Reformhaus gibt es:
Ratatouille, Nudelsaucen oder anderes Fertiggemüse in Gläsern, gehackte Nusskerne aus alternativem Anbau, getrocknete Tortellini mit unterschiedlichen vegetarischen Füllungen, Nudeln aus verschiedenen Getreidearten oder Vollkorn-Blätterteig.

• Im Supermarkt bekommen Sie:
verschiedene Nudelsaucen, Tomatenstücke mit Kräutern, Pizzatomaten, tiefgefrorenes Gemüse, tiefgefrorene Kräutermischungen, geriebenen Pasta-, Gratin- und Pizzakäse für Nudeln und zum Überbacken, vakuumverpackte, frische gefüllte Teigwaren.

• Bei Käsehändlern, in Feinkostgeschäften und in den Feinkostabteilungen der Warenhäuser gibt es:
frische gefüllte Teigwaren und frische Nudeln, frisch geriebenen Parmesan oder Pecorino, Auberginen in Tomatensauce, Artischocken in Öl, Kapernfrüchte, verschiedene Oliven.

Eine Liste der Organisationen, die Biolebensmittel garantieren, finden Sie auf Seite 168.

Viele Antipasti, vegetarische Brotaufstriche und Nudelsaucen bekommen Sie auch in Weinfachgeschäften oder über den Feinkostversand.

Vegetarische Neuheiten

Frisches gibt's kostenlos: Vitaminreiche Wildkräuter für den Salat kann man selber sammeln.

Kaufen Sie frische Lebensmittel wie Gemüse, Obst und Kräuter möglichst der Jahreszeit entsprechend, denn sie schmecken besser, sind preiswerter und gesünder: Sonnenlicht baut Nitrat ab, und erntereife Pflanzen enthalten mehr Vitamine und Mineralstoffe. Frisches spielt beim vegetarischen Essen eine große Rolle – nicht nur als Kopfsalat mit Essig und Öl. Es gibt eine Fülle von Gemüse, das Sie mit Dressings und Dips roh essen können.
Viele Dressings halten sich fertig zubereitet, gekühlt und fest verschlossen in einem Schraubglas etwa eine Woche. Beim Anrichten werden sie nur mit wenigen Zutaten variiert (Anregungen dazu finden Sie auf Seite 39)

Die »Wilden« bieten mehr

Probieren Sie auch mal andere Salatkräuter – Wildkräuter und »wilde« Salatpflanzen wie Bärlauch, Brennnessel, Gänseblümchen, Giersch, Gundermann, Knoblauchsrauke, Löffelkraut, Löwenzahn, Sauerklee und Vogelmiere enthalten mehr Vitamine, Mineralstoffe und Ballaststoffe als Blattsalate.

- Brunnenkresse gibt es von September bis Mai. Die größeren, reifen Blätter schmecken am besten: aromatisch-scharf und feinherb; kleine Blättchen sind noch nicht so würzig. Beim Vorbereiten entfernt man nur die dicken, hohlen Stängel; die zarten Stiele kann man mitessen. Damit Brunnenkresse im Salat schön knackig bleibt, mischt man sie erst unmittelbar vor dem Servieren mit den anderen Zutaten und dem Dressing.
- Kapuzinerkresse müssen Sie selbst anbauen, denn kaufen kann man sie nicht. Sie wächst und blüht den ganzen Sommer, so dass Sie ständig ernten können: Knospen, Blüten und junge Blätter. Alles schmeckt ein bisschen nach Gartenkresse, leicht pfeffrig und so saftig-erfrischend wie Brunnenkresse.
- Löwenzahn wächst dort am üppigsten, wo kräftig mit Gülle gedüngt wird. Deshalb nicht auf Wiesen sammeln, die für die Heuernte bestimmt sind, sondern

die Pflanze aus dem Garten, vom Waldrand oder – als gezüchtetes Kraut – beim Gemüsehändler holen. Vom wilden Löwenzahn nimmt man nur die jungen Blätter, größere schmecken zu bitter. Außerdem kann man die Knospen (Rezept Seite 100) und die eben geöffneten Blüten verwenden.

• Winterportulak stammt aus Mexiko und Nordamerika und wird heute in England, Frankreich und Deutschland von November bis April unter Glas gezogen. Junge Blättchen sehen aus wie ovale Rhomben, größere wie Tellerchen mit kleinen grünen Blüten in der Mitte.

Es muss nicht immer Rohkost sein

Manche Gemüseinhaltsstoffe kann der Organismus gegart besser nutzen: Beta-Karotin aus Möhren etwa ist so fest in der Zelle eingeschlossen, dass der Organismus es nur aus ganz fein zerkleinerten oder gedünsteten Möhren aufnehmen kann. In Tomatensauce oder -suppe sind die zellschützenden Lycopene wirksamer als in den rohen Früchten. Anderes ist blanchiert besser verträglich: Auf frischen Sprossen wachsen Keime, die durch kurzes Aufkochen oder Sautieren unschädlich gemacht werden. Und für alle, die gerade mit vegetarischer Ernährung anfangen, ist gegartes Gemüse besser verdaulich. Im Laufe der Zeit stellt der Körper dann genügend Enzyme bereit, so dass man auch mit reichlich Rohkost keine Probleme mehr hat.

Gutes aus der Fremde

Ein Müsli morgens, Vollkornbrot über den Tag verteilt, ab und zu Vollkornnudeln und Naturreis – für die meisten Menschen ist das schon Alltagskost. Und wenn man in die traditionelle Bauernküche oder in die Küchen anderer Länder schaut, entdeckt man noch viel mehr Gutes aus Vollkorn, etwa Grünkernklöße oder saftige Frikadellen aus Buchweizen, Salat mit Bulgur oder vegetarisches Couscous mit viel Gemüse – alle diese Gerichte finden Sie in den Rezepten dieses Buches. Das gilt auch für Hülsenfrüchte, die eiweißreichsten Pflanzen, die Vegetarier aller Ländern nähren: Dicke Bohnen mit Semmelbröseln oder rote Linsensuppe mit Kräutern, Bohnenmus mit Kokosmilch, sautierte Sojasprossen und eine Suppe mit Tofu und Meeresgemüse gehören zu den Delikatessen der fleischlosen Küche.

Bioaktiv-Stoffe werden durch Hitze und Wasser nicht so schnell zerstört. Deshalb sind sie auch in gedünstetem Gemüse und Obst noch wirksam.

Achtung:
Wildpilze, frische Erbsen und Bohnen, Holunder und Rhabarber sollte man nicht roh essen!

Richtig planen

Gemüse, Salat, Obst und Kräuter erst waschen und dann putzen – so bleiben Vitamine und Mineralstoffe besser erhalten.

Richtig geschnitten, der Struktur der Fasern entsprechend, schmecken Gemüse und Salat besser, denn auch Gemüse wird trocken. Dünne Stifte und Scheibchen bleiben beim Dünsten und Braten saftig, feine Salatstreifen verbinden sich gut mit dem Dressing. Kräftiges Gemüse wie Wirsing und Weißkohl, Rotkohl und Grünkohl, Porree und Fenchel schmeckt als Salat, Gratin oder Auflauf nur, wenn Sie es fein zerkleinern und vorab in Fett schmoren oder in Wasser blanchieren.

Wer Gemüse kauft, muss mit Abfall rechnen, denn beim Putzen geht ein Teil verloren. Das ist in den Rezepten dieses Buches zwar berücksichtigt, doch wenn Sie eigene vegetarische Gerichte kochen, spielt dieser Putzverlust für Ihre Mengenplanung eine Rolle.

Zeit fürs Vorbereiten

Salat anrichten und Gemüse kochen geht natürlich schneller als einen Puter braten, doch nicht jedes vegetarische Essen ist ein Blitzgericht. Das liegt an der Vorbereitung: Wer viel mit dem Wok kocht, weiß, dass Putzen und Schneiden von Gemüse Zeit braucht. Es liegt auch daran, dass pflanzliche Lebensmittel wie Getreidekörner oder getrocknete Hülsenfrüchte lange Garzeiten erfordern, damit sie gut verdaulich sind. Dafür ist Gemüse schnell gedünstet, vor allem, wenn Sie es lieber bissfest mögen. Und was sonst als schnelle Beilage gilt (Nudeln, Reis, Hirse oder Bulgur), essen Vegetarier als Hauptgericht.

Sinnvolle Küchenhelfer

Bei kleinen Mengen Gemüse hilft eine Schnitzelmühle für den Handbetrieb. Die Gemüsereibe zum Aufrechtstellen mit vier verschiedenen Reibflächen ist praktisch für die Zubereitung von Rohkost und

So viel bleibt übrig von 1 Kilo

Artischocken	500 g	Kohlrabi	700 g
Auberginen	850 g	Kürbis	600 g
Blumenkohl (mit Strunk und Blättern)	850 g	Porree	550 g
Blumenkohl (nur Röschen)	650 g	Paprikaschoten	770 g
Brokkoli	700 g	Rosenkohl	800 g
Fenchel	800 g	Rotkohl	780 g
Grünkohl	550 g	Spargel	700 g
Knollensellerie	730 g	Spinat (nur Blätter)	900 g
		Spinat (mit Stiel und Wurzel)	660 g

zum Reiben von Kartoffeln für Puffer. Die Drehreibe eignet sich für Käse, Nüsse und Mandeln. Für Kräuter nimmt man am besten ein scharfes Messer, die Küchenschere oder das Wiegemesser. Wer wenig Getreide für Müsli, Puffer oder Pfannkuchen braucht, nimmt die Mühle für den Handbetrieb. Das Handrührgerät mit Quirlen und Knethaken, den Pürierstab, Blitzhacker oder Mixer brauchen auch Singles, die gerne kochen. Eine Küchenmaschine zum Rühren, Schnitzeln, Raspeln, Mixen und Pürieren lohnt dagegen erst im größeren Haushalt ab drei Personen.

Wie lange dauert's?

Damit Sie richtig planen, hier einige Anhaltspunkte für je 1 Kilo Gemüse

Artischocken vorbereiten	5 Minuten
Auberginen in Scheiben schneiden oder würfeln	5 Minuten
Blumenkohl in Röschen und Stiele teilen	5 Minuten
Brokkoli zerkleinern und Stiele schälen	20 Minuten
Fenchel in Streifen schneiden	15 Minuten
Knollensellerie in Stifte schneiden	25 Minuten
Kohl und Wirsing für Rouladen vorbereiten	30 Minuten
Kohlrabi schälen und in Stifte schneiden	15 Minuten
Kürbis schälen, putzen und würfeln	15 Minuten
Paprikaschoten in Streifen schneiden	10 Minuten
Paprikaschoten abziehen	45 Minuten
Porree in Ringe schneiden	15 Minuten
Rosenkohl putzen	25 Minuten
Rot- und Weißkohl per Hand in Streifen hobeln	20 Minuten
Spargel schälen	15 Minuten
Spinat (nur Blätter verlesen und waschen)	15 Minuten
Spinat (Wurzeln und Stiele entfernen, Blätter waschen)	30 Minuten
Tomaten abziehen (mit Überbrühen)	15 Minuten
dasselbe ohne Überbrühen	7 Minuten
Wirsing putzen	5 Minuten
Zucchini in Stifte schneiden	10 Minuten

TIP

Bereiten Sie die Lebensmittel nach dem Zerkleinern sofort zu, sonst gehen wertvolle Inhaltsstoffe verloren.

Richtig garen

Für Gemüse ist Dünsten ideal, weil es Vitamine und Mineralstoffe schont.

Salat und Rohkost, frisches Obst und Müsli gehören zur modernen, gesunden Ernährung. Doch Garen ist ebenfalls notwendig: zum Abtöten von Keimen und für eine bessere Verdauung. Und weil vieles gedünstet oder gebraten erst richtig gut schmeckt.

Dünsten

Dazu brauchen Sie fest schließende Kochtöpfe, denn bestimmte Vitamine gehen mit dem Dampf aus dem Topf verloren – je weniger also entweicht, desto besser. Nehmen Sie nur so viel Wasser oder Gemüsebrühe, dass der Topfboden gerade eben bedeckt ist. Dann lassen Sie die Flüssigkeit aufkochen und bringen das geputzte, gewaschene und zerkleinerte Gemüse darin zugedeckt auf der höchsten Schaltstufe zum Kochen. Je schneller es kocht, desto geringer ist der Vitaminverlust. Sobald sich am Rand des Topfes eine leichte Dampffahne zeigt, schalten Sie die Temperatur zurück und garen bei schwacher bis mittlerer Hitze fertig. In besonders hochwertigem Kochgeschirr kann man ohne zusätzliche Flüssigkeit garen: Das gewaschene und zerkleinerte Gemüse gibt man tropfnass in den Topf und erhitzt es zugedeckt auf stärkster Kochstufe.

Den Garsud beim Dünsten nicht weggießen: Mit Kräutern, etwas Crème fraîche, Sahne und/oder Butter vermischt wird er zur feinen Sauce.

Blanchieren

Beim kurzen Aufkochen in reichlich Wasser gehen Vitamine und Mineralstoffe ins Kochwasser über und werden weggegossen. Trotzdem ist Blanchieren manchmal notwendig, etwa wenn Sie Gemüse einfrieren wollen. Durch das kurze, heftige Kochen bleiben Farbstoffe und Vitamin C auch während der Lagerung erhalten.

Blanchieren hat weitere gute Gründe für die Gesundheit: Grüne Bohnen müssen mindestens 8 Minuten garen, damit sie verträglich sind. Blanchiert behalten sie aber beim Kurzbraten in Wok oder Pfanne ihre schöne Farbe. Nitratreiches Gemüse wie Spinat, Mangold oder Grünkohl verliert beim Blanchieren einen großen Teil dieses Schadstoffs. Zum Blanchieren werden pro 500 Gramm

Gemüse etwa 5 Liter Wasser kräftig aufgekocht; zu Artischocken, Blumenkohl und Fenchel gibt man außerdem den Saft einer kleinen Zitrone ins Blanchierwasser – auch das erhält Farbe und Vitamin C. Dann gibt man das Gemüse portionsweise ins sprudelnde Wasser und lässt es so lange kochen, bis das Gemüse intensiv grün oder leicht glasig ist – das dauert 1 bis 3 Minuten. Danach nimmt man es mit einem Schaumlöffel heraus und taucht es kurz in Eiswasser, so dass der Garprozess sofort gestoppt wird.

Kurzbraten

In der chinesischen Küche ist das Kurzbraten (Sautieren) im Wok seit Jahrhunderten üblich, weil dadurch Aroma, Nährstoffe und »Biss« der Lebensmittel besonders gut erhalten bleiben. Außerdem kostet schnelles Braten weniger Energie als langes Schmoren. Zum Kurzbraten werden die vorbereiteten Lebensmittel so gleichmäßig wie möglich zerkleinert, damit sie gleichmäßig garen. Gemüse mit festem Fruchtfleisch, wie zum Beispiel Karotten oder Kohlrabi, in Stifte schneiden, Kohlgemüse, Porree und Lauchzwiebeln in Ringe teilen. Den Wok oder eine große Pfanne erhitzen, Öl zugeben und ebenfalls erhitzen. Nun die Lebensmittel darin unter ständigem Rühren garen – Gemüse, bis es gerade eben weich, gegarten Reis, gekochte Nudeln und Getreidekörner, bis sie heiß und leicht gebräunt sind.

Wichtig beim Sautieren: Das Gemüse nach dem Waschen gut trocknen, sonst spritzt das Öl beim Braten zu stark.

Gut geschnitten für den Wok

❶ In feine Streifen oder Ringe schneidet man Paprikaschoten, Fenchel und Porree.

❷ Schräg in lange, feine Scheiben schneidet man Spargel und breite grüne Bohnen.

❸ In feine Stifte schneidet man Möhren, Kohlrabi, Rettich und Zucchini.

Das Werkzeug zum Zerkleinern muss scharf sein, damit die Zellen sauber zerteilt werden und wenig Saft verlieren.

Braten in der Pfanne

Gebratene Kartoffeln und Gemüsescheiben, Getreidefrikadellen und Kartoffelpuffer, Eierkuchen und Schmarren gelingen bei mittlerer bis schwacher Hitze in einer beschichteten Pfanne am besten. Dann kann auch bei weniger Bratfett nichts anbrennen, und die Lebensmittel lassen sich gut vom Pfannenboden lösen. Ein Tip für alle anderen Pfannen: Was am Pfannenboden klebt, ist an der Unterseite noch nicht gar. Also warten, bis es sich wirklich ohne Mühe ablösen lässt.

Frittieren

Frittiertes enthält mehr Fett als Gebratenes, doch das schadet nicht bei der ohnehin fettarmen vegetarischen Ernährung, sofern diese Garmethode nicht allzu häufig verwendet wird.

Beim Frittieren sind hohe Temperaturen notwendig: Wenn Sie ein Stückchen Gemüse ins heiße Fett geben, fließt das Wasser aus den Zellen ins Fett, bildet eine dünne Dampfschicht um das Gemüsestück und verhindert so, dass das Stück verbrennt. Gleichzeitig wandert das Fett ins Frittiergut und gart es von innen. Je heißer das Fett, desto schneller läuft der Garprozess ab: Es bildet sich rasch eine Kruste, das Gemüsestückchen ist »versiegelt« und nimmt kein Fett mehr auf. Trotzdem ist der Fettgehalt von Frittiertem höher als von Gebratenem. Bei vegetarischer Ernährung und bei seltenem Genuss von Frittiertem spielt das allerdings keine Rolle. 100 Gramm gekochte Kartoffeln enthalten fast gar kein Fett, 100 Gramm Pommes frites dagegen etwa 13 Gramm oder 255 Kalorien. Im Vergleich: Bei 100 Gramm Frankfurter Würstchen kommt man auf etwa 24 Gramm Fett und 280 Kalorien!

Fett muss sein

Fett ist unser wichtigster Energielieferant: Wer bei vegetarischer Ernährung mit Fett genauso spart wie beim normalen Kochen, wird oft nicht richtig satt und schnell wieder hungrig. Der Körper braucht Fett, damit der Stoffwechsel ablaufen kann, und auch bestimmte Vitamine kann er nur mit Fett verwerten: Karotten und Tomaten mit den wichtigen zellschützenden Karotinoiden nützen uns ohne den Tropfen Öl am Salat oder die Sahne in der Suppe überhaupt nichts.

- Butter nimmt man als Brotaufstrich und zum Backen und Dünsten. Bei hohen Temperaturen verbrennen die Eiweißbestandteile.
- Butterschmalz ist das reine Butterfett ohne Wasser, Milcheiweiß und Milchzucker. Deshalb kann man es für alle Garmethoden verwenden – auch zum Frittieren. Wie Butter enthält es viel Cholesterin.

• Pflanzenmargarine besteht aus rein pflanzlichen Ölen und Fetten und enthält kein Cholesterin. Haushaltsmagarine ist eine Mischung aus pflanzlichem und tierischem Fett. Mit Margarine kann man backen und dünsten. Zum Braten brauchen Sie dagegen wasserfreies Margarineschmalz. Halbfettmargarine können Sie nur als Brotaufstrich verwenden, denn sie enthält viel Wasser, um den Fettgehalt zu verringern.

• Speiseöl kann entweder aus einer einzigen Ölsaat oder aus einer Mischung verschiedener Ölpflanzen bestehen; Angaben dazu stehen auf dem Etikett. Das Öl können Sie für alle Garmethoden verwenden – auch zum Frittieren.

• Natives Öl ist naturbelassen: Im Naturkosthandel werden nur mechanisch gepresste, nicht raffinierte – also chemisch bearbeitete – Öle so bezeichnet. Auf dem Etikett ist die Ölpflanze ausgewiesen: Olivenöl besteht nur aus Oliven, Distelöl nur aus den Samen der Saflorpflanze, Weizenkeimöl nur aus Weizenkeimen. Verwenden Sie solche Öle nur für kalte Gerichte und zum Dünsten bei niedriger Temperatur. Olivenöl können Sie aufgrund der Fettsäuren auch zum Braten oder Schmoren bei Temperaturen bis zu 180 °C verwenden, ohne dass sich gesundheitsschädliche Stoffe bilden. Allerdings verändert sich der Geschmack dadurch etwas.

• »Kalt gepresstes« oder »kalt geschlagenes« Öl sind veraltete Bezeichnungen, die nichts mehr aussagen, denn allein durch die Pressung jeder Ölsaat entstehen Temperaturen von mindestens 40 °C; manche Ölfrüchte müssen sogar noch stärker erhitzt werden.

Naturbelassenes Öl wird heute mit dem Begriff »nativ« im Handel angeboten.

Welches Fett wofür?

Fett	**Verwendung**
Butter	kalte Küche, Backen, Dünsten
Butterschmalz	alle Garmethoden
Pflanzenmargarine	Backen, Dünsten
Margarineschmalz	Braten und Kurzbraten
Halbfettmargarine	kalte Küche
Speiseöl	alle Garmethoden, auch Frittieren
natives Öl	kalte Küche, Dünsten
natives Olivenöl	kalte Küche, Braten, Schmoren bis 180 °C

Salate und Rohkost

Bunter Kartoffelsalat

Für 4 Portionen
- 1 kg fest kochende Kartoffeln
- 2 Gewürzgurken
- 4 schwarze Oliven
- 1 große Zwiebel
- 1 kleines Bund Petersilie
- 2 EL Essig
- Salz, schwarzer Pfeffer
- 3 EL Öl
- 100 g saure Sahne

Zubereitungszeit 40 Minuten

❶ Die Kartoffeln waschen und mit der Schale in wenig Wasser weich kochen. Abgießen, kalt abschrecken, schälen und in etwa 1/2 cm dicke Scheiben schneiden.

❷ Die Gurken würfeln, die Oliven vierteln und entsteinen. Die Zwiebel abziehen, die Petersilie waschen und trockentupfen. Beide Zutaten fein hacken und alles zu den Kartoffeln geben.

❸ Essig, Salz, eine kräftige Prise Pfeffer, Öl und die saure Sahne verrühren. Den Salat damit mischen und zugedeckt bei Zimmertemperatur 1 Stunde ziehen lassen.

► **Pro Portion**
1396/434 kJ/kcal • 7 g Eiweiß
11 g Fett • 47 g Kohlenhydrate
7 g Ballaststoffe • 9 mg Cholesterin

Karottenrohkost mit Apfel

Für 4 Portionen
- 1 Aufgussbeutel Kräutertee
- 300 g Karotten
- 1 Minigurke
- 1 säuerlicher Apfel (Cox Orange oder Gravensteiner; etwa 200 g)
- 1/2 Bund Dill oder Schnittlauch
- 2 EL Zitronensaft
- 1 TL Ahornsirup oder Honig
- 1 TL körniger Senf
- 4 EL Öl

Zubereitungszeit 20 Minuten

❶ Den Kräutertee mit 50 ml kochendem Wasser übergießen und 10 Minuten ziehen lassen.

❷ Inzwischen die Karotten, die Gurke und den Apfel schälen. Die Karotten grob raspeln. Die Gurke in Streifen schneiden. Den Apfel vierteln, vom Kerngehäuse befreien und in kleine Stücke schneiden. Den Dill waschen, trockentupfen und hacken.

❸ Den Tee mit Zitronensaft, Sirup, Senf und Öl verrühren und die Rohkost damit mischen.

► **Pro Portion**
627/150 kJ/kcal • 1 g Eiweiß
10 g Fett • 11 g Kohlenhydrate
4 g Ballaststoffe • 0 mg Cholesterin

Essen Sie Möhren immer mit Öl- oder Joghurt-dressing, mit einem Butter- oder Käsebrot. So kann der Organismus das fettlösliche Beta-Karotin auch verwerten.

Weintraubensalat mit Glasnudeln und Sesam

Vitamin C in der Grapefruit und im frisch gepressten Orangensaft hilft dem Körper, das im Fenchel reichlich enthaltene Eisen besser zu verwerten.

Für 4 Portionen

- 50 g Glasnudeln
- 1 Orange
- 1 Grapefruit
- 2 EL Erdnussöl
- Salz
- 150 g kernlose Weintrauben
- 1 mittelgroße Fenchelknolle
- 1 kleine rote Zwiebel
- 1 grüne Pfefferschote
- 1/2 Hand voll Koriandergrün
- weißer Pfeffer
- 1 EL Sesamsamen

Zubereitungszeit 45 Minuten

❶ Die Glasnudeln mit heißem Wasser übergießen und 10 Minuten ziehen lassen. Abgießen, abtropfen lassen und mit einer Küchenschere in Stücke schneiden.

❷ Die Orange auspressen. Die Grapefruit schälen und filetieren. Den Saft dabei auffangen und mit dem Orangensaft und dem Öl verrühren. Die Glasnudeln damit mischen und mit Salz würzen.

❸ Die Trauben waschen, abzupfen und halbieren. Die Fenchelknolle halbieren und den Strunk herausschneiden. Die Hälften waschen, zweimal längs teilen und quer zur Faser in dünne Scheibchen schneiden. Die Zwiebel schälen und in dünne Ringe teilen. Die Pfefferschote halbieren, von den Trennwänden und Kernen befreien, waschen und in hauchfeine Streifen schneiden. Den Koriander waschen, trockentupfen und fein schneiden.

❹ Die Glasnudeln mit Grapefruit, Trauben, Fenchel, Zwiebel und Pfefferschote mischen und auf Tellern anrichten. Mit grobem Pfeffer aus der Mühle bestreuen.

❺ Den Sesam ohne Fett in einer Pfanne bei schwacher Hitze rösten, bis er duftet. Mit dem Koriandergrün über den Salat streuen.

► **Pro Portion**

899/215 kJ/kcal • 6 g Eiweiß
8 g Fett • 27 g Kohlenhydrate
6 g Ballaststoffe • 0 mg Cholesterin

Eisbergsalat mit Orangen und Avocado

Für 4 Portionen
1 kleiner Kopf Eisbergsalat
1 Orange
2 EL heller, milder Sherryessig
Salz, weißer Pfeffer
6 EL Olivenöl
1 reife Avocado
5 Stängel Koriandergrün oder
2 Stängel glatte Petersilie
1 EL gehackte Walnusskerne

Zubereitungszeit 40 Minuten

❶ Den Salat in fingerbreite Streifen schneiden, waschen und trockenschwenken. Die Orange schälen und in kleine Stücke schneiden. Den Saft, der dabei ausläuft, auffangen. Orangenstückchen und Salat in einer Schüssel mischen.

❷ Essig, Salz und Pfeffer aus der Mühle zum aufgefangenen Orangensaft geben und alles kräftig verrühren. Das Öl esslöffelweise unterrühren.

❸ Die Avocado halbieren und den Kern entfernen. Die Hälften schälen, in Fächer schneiden und auf Tellern anrichten. Mit etwa der Hälfte der Vinaigrette beträufeln.

❹ Den Rest der Vinaigrette mit dem Salat mischen. Den Salat neben der Avocado anrichten. Den Koriander waschen und fein schneiden. Salat und Avocado mit Koriander und Nüssen bestreuen.

► **Pro Portion**
1250/299 kJ/kcal • 3 g Eiweiß
27 g Fett • 8 g Kohlenhydrate
3 g Ballaststoffe • 0 mg Cholesterin

Der Säuregehalt von Essig steht auf dem Etikett: Reis- und Kokosnussessig aus Asien enthalten meist weniger als 5 Prozent Essigsäure, milder Malz- oder Obstessig 5 bis 6 Prozent, feiner Balsamessig höchstens 6 Prozent, ausgereifter Sherry- oder Weinessig bis zu 9 Prozent.

Avocado in Fächer schneiden

❶ Die Avocado halbieren und die Hälften so gegeneinander drehen, dass sie sich lösen.

❷ Die Hälften schälen und mit der Höhlung nach unten auf ein Arbeitsbrett legen.

❸ Jede Hälfte in dünne Scheiben schneiden und mit leichtem Druck zu einem Fächer formen.

Salatplatte mit Shiitakepilzen

Das Trocknen von Salatblättern in einem Tuch oder in der Salatschleuder ist wichtig, denn je mehr Wasser an den Blättern haften bleibt, desto wässriger wird das Dressing. Und das geht natürlich auf Kosten des Geschmacks.

Für 4 Portionen

300 g gemischter Blattsalat (Frisée, Eisberg, Kopfsalat, Rucola)
400 g kleine Shiitakepilze
2 Knoblauchzehen
1 Schalotte oder kleine Zwiebel
5 EL Oliven- oder Sonnenblumenöl
je 1/2 EL frisch gehackter Oregano und Thymian
1/8 l Gemüsebrühe
2 EL Zitronensaft
1/4 TL Paprikaflocken
1/4 TL scharfer Senf, Salz
1 EL frisch gehacktes Basilikum

Zubereitungszeit 30 Minuten

❶ Den Salat putzen, waschen, trockenschwenken und in Stücke zupfen. Auf einer Platte anrichten.

❷ Die Stiele der Pilze entfernen. Knoblauch und Schalotte schälen, fein zerkleinern und in einer Pfanne in 1 Esslöffel Öl bei schwacher Hitze glasig dünsten. Pilze, Oregano und Thymian zugeben, unter Rühren etwa 5 Minuten bei mittlerer Hitze braten und in eine Schüssel geben.

Shiitakepilze auf einem frischen Salatbett. Köstliche Würze geben Kräuter, Knoblauch und scharfe Paprikaflocken (Seite 25).

❸ Die Brühe in die Pfanne gießen und bei starker Hitze unter Rühren auf etwa ein Drittel einkochen lassen. Mit 1 Esslöffel Zitronensaft und den Paprikaflocken verrühren, über die Pilze gießen und alles gründlich vermischen.

❹ Den restlichen Zitronensaft mit Senf und Salz verrühren und das übrige Öl untermischen. Über den Salat träufeln. Pilze und Basilikum mischen und auf dem Salat verteilen.

► **Pro Portion**

684/164 kJ/kcal • 4 g Eiweiß
13 g Fett • 5 g Kohlenhydrate
4 g Ballaststoffe • 0 mg Cholesterin

Tips fürs Salatbuffet

- Kombinieren Sie Salate, die satt machen (zum Beispiel mit Kartoffeln, Bohnen oder Getreide) mit Ungewöhnlichem wie Gemüse-Obst-Salat oder Sprossensalat.
- Wie das normale Buffet braucht auch das Salatbuffet einen Blickfang: den dekorativen Brotkorb, das üppige Käsebrett oder eine große Salatplatte.
- Blattsalate nicht mit dem Dressing mischen. Stellen Sie die verschiedenen Saucen lieber dazu: dünne Dressings in Kännchen, dickflüssige Dips in Schälchen mit Löffel.
- Vergessen Sie süße Obtsalate nicht: Sie passen zu Käse und sind Dessert.

Kohlrabicarpaccio mit Knoblauchsauce

Für 4 Portionen

- 2 Eier
- 1 kleine rote Pfefferschote
- 3 Knoblauchzehen
- 2 EL Weißweinessig
- Salz, 1/8 l Öl
- 2 mittelgroße Kohlrabiknollen
- 1/2 Bund Kerbel

Probieren Sie doch mal Bärlauch statt Knoblauch! Im Mai und Juni gibt es das Wildkraut, das in Parks und Wäldern wächst, frisch auf dem Markt. Wer selber sammelt, muss Bärlauch allerdings sicher erkennen und von seinen giftigen Doppelgängern Maiglöckchen und Herbstzeitlose unterscheiden können: Bärlauchblätter riechen beim Zerreiben intensiv nach Zwiebel und Knoblauch.

Zubereitungszeit 40 Minuten

❶ Die Eier in 8 bis 10 Minuten hart kochen, kalt abschrecken, schälen und abkühlen lassen.

❷ Die Pfefferschote halbieren, von den Trennwänden und Kernen befreien, waschen und fein zerkleinern. Die Knoblauchzehen schälen und zerdrücken.

❸ Die Eier halbieren. Die Eigelbe herauslösen und in einer Schüssel mit der Gabel zerdrücken. Den Essig und das Salz untermischen. Das Öl zuerst tropfenweise, dann in einem dünnen Strahl zugießen und alles kräftig zu einer Mayonnaise verrühren. Pfefferschote und Knoblauch untermischen.

❹ Die Kohlrabi schälen, dabei die zarten grünen Blätter abschneiden und beiseite legen. Die Knollen in dünne Scheiben hobeln. Jeweils 3 Scheiben kreisförmig auf einen Teller legen, mit Knoblauchsauce bestreichen, mit Kohlrabischeiben belegen und so fortfahren, bis Kohlrabi und Sauce aufgebraucht sind, dabei mit der Sauce abschließen.

❺ Kerbel und Kohlrabiblättchen waschen, trocknen und fein hacken, die Eiweiße ebenfalls fein hacken. Das Carpaccio damit bestreuen.

► Pro Portion

1434/343 kJ/kcal • 4 g Eiweiß
35 g Fett • 1 g Kohlenhydrate
0 g Ballaststoffe • 60 mg Cholesterin

Fenchelsalat mit Reisnudeln

Für 4 Portionen

- 3 kleine Fenchelknollen
- 1 kleine rote Zwiebel
- 50 g dünne Reisnudeln
- 1 TL Gemüsebrüheextrakt
- 1 TL Zucker, Salz
- 1/2 TL Harissa
- 2 EL Zitronensaft, 2 EL Erdnussöl
- 3 Stängel Koriandergrün

Zubereitungszeit 30 Minuten

❶ Die Fenchelknollen halbieren, putzen, waschen und quer zu den Fasern in dünne Scheiben schneiden. Die Zwiebel schälen, in dünne Ringe teilen und zusammen mit den Fenchelscheiben in einer Schüssel mischen.

❷ Die Reisnudeln mit kochendem Wasser übergießen und kurz darin ziehen lassen.

❸ Für das Dressing 4 Esslöffel Wasser von den Reisnudeln abnehmen und mit dem Gemüsebrüheextrakt, Zucker, Salz, Harissa, dem Zitronensaft und dem Öl kräftig verrühren.

❹ Die Reisnudeln abgießen und gut abgetropft mit dem Dressing und dem Fenchel vermischen. Den Salat zugedeckt 15 Minuten ziehen lassen. Den Koriander waschen, trocknen, fein hacken und über den Salat streuen.

► **Pro Portion**
802/192 kJ/kcal • 6 g Eiweiß
7 g Fett • 24 g Kohlenhydrate
6 g Ballaststoffe • 0 mg Cholesterin

Zucchinisalat

Für 4 Portionen
2 kleine Zucchini (ca. 200 g)
2 kleine Karotten (ca. 160 g)
2 EL Zitronensaft
Salz, Cayennepfeffer
2 TL scharfer Senf
3 EL Öl
3 Stängel Minze

Zubereitungszeit 30 Minuten

Kleine, feste Zucchini schmecken viel besser als große, weil sie weniger Wasser enthalten.

❶ Die Zucchini waschen, die Karotten schälen und beides mit einem Sparschäler der Länge nach in Streifen schneiden.

❷ Zitronensaft, Salz, Pfeffer, Senf und Öl verrühren und mit dem Gemüse mischen. Die Minzeblättchen grob hacken und über den Salat streuen.

► **Pro Portion**
95/397 kJ/kcal
1 g Eiweiß
8 g Fett
4 g Kohlenhydrate
2 g Ballaststoffe
0 mg Cholesterin

Tomatensalat mit Zucchiniblüten

Die Zucchinipflanze trägt weibliche und männliche Blüten. Aus den weiblichen entwickelt sich die Frucht. Babyzucchini sind ganz junge Früchte, die noch die Blüte tragen. Die kleineren männlichen Blüten werden ebenfalls zum Füllen und/oder Frittieren angeboten. Am besten lassen sich etwa fingerlange Blüten füllen.

Für 4 Portionen

8 große Zucchiniblüten
2 kleine Cocktailtomaten
1 kleines Stück weicher Schafskäse (Feta; ca. 40 g)
8 Basilikumblättchen
1 Eiweiß
100 ml eiskaltes Wasser
60 g Mehl
Salz
frisch gemahlener, weißer Pfeffer
4 Fleischtomaten
3 EL Balsamessig
9 EL Olivenöl
1 Bund Schnittlauch
Öl zum Frittieren

Zubereitungszeit 50 Minuten

❶ Die Zucchiniblüten vorsichtig waschen und sehr gut trockentupfen. Die Narbe mit den Staubgefäßen im Inneren der Blüte mit einer Pinzette behutsam abknipsen. Die Cocktailtomaten waschen, trocknen und vierteln. Den Schafskäse in 8 Stücke teilen. Die Basilikumblättchen waschen und sehr gut trockentupfen.

❷ Das Eiweiß mit 2 Esslöffeln Wasser verquirlen. Das Mehl mit dem restlichen Wasser glattrühren. Eiweiß, Salz und Pfeffer mit dem Schneebesen untermischen.

❸ Die Fleischtomaten waschen, abtrocknen, quer zu den Samenkammern in Scheiben schneiden und kreisförmig auf einer großen Platte oder auf Portionstellern anrichten.

❹ Essig und Olivenöl verrühren und über die Tomaten verteilen. Die Tomaten mit Salz und frisch gemahlenem Pfeffer würzen. Den Schnittlauch waschen, trockenschwenken, in feine Röllchen schneiden und über die Tomaten streuen.

❺ Das Frittieröl erhitzen. Die Zucchiniblüten jeweils mit einem Tomatenviertel, 1 Stück Schafskäse und 1 Basilikumblatt füllen und am oberen Ende möglichst leicht zusammendrehen.

❻ Die Blüten nacheinander in den Teig tauchen und im heißen Öl etwa 2 Minuten frittieren, bis sie eine zartbraune Kruste haben. Auf Küchenpapier kurz abtropfen lassen und auf dem Tomatensalat anrichten. Die Zucchiniblüten mit grobem Pfeffer aus der Mühle und Salz bestreuen und sofort mit dem Salat servieren.

► **Pro Portion**
1624/488 kJ/kcal • 7 g Eiweiß
30 g Fett • 17 g Kohlenhydrate
6 g Ballaststoffe • 24 mg Cholesterin

Eine gelungene Mischung und dazu schön anzusehen – knusprig-würzige Zucchiniblüten auf aromatischen Tomaten (Seite 29).

Sprossensalat mit Pilzen

Für 4 Portionen

- je 50 g Champignons, Shiitake- und Austernpilze
- 8 EL Öl
- 1 EL Butter
- 3 EL Sojasauce
- 200 g gemischte Sprossen
- 2 Bund Radieschen
- 50 g gemischte Salatblätter (Eichblatt, Lollo rosso, Romana, Kopfsalat)
- 2 EL Weißweinessig
- Salz, weißer Pfeffer
- 2 TL grob zerstoßene Senfkörner

Gemischte Sprossen bekommen Sie im Supermarkt, Naturkostladen und Reformhaus. Nehmen Sie nur verschlossene Beutel, die in einer Kühltheke gelagert und nicht aufgebläht sind, und verbrauchen Sie die Sprossen möglichst noch am selben Tag. Besonders gut verträglich sind Sprossen, wenn man sie wie Spinat kurz blanchiert.

Zubereitungszeit 30 Minuten

❶ Die Pilze putzen und in Scheiben schneiden. 2 Esslöffel Öl und die Butter in einer Pfanne erhitzen und die Pilze darin unter ständigem Rühren bei starker bis mittlerer Hitze kräftig rösten. Die Pfanne von der Kochstelle nehmen. Die Pilze mit der Sojasauce mischen und abkühlen lassen.

❷ Die Sprossen auf einem Sieb kalt abspülen und trockenschleudern. Die Radieschen waschen und in dünne Scheiben oder Stifte schneiden. Die Salatblätter waschen, trocknen, zerkleinern und mit Radieschen und Sprossen in einer Schüssel mischen.

❸ Den Essig mit Salz, Pfeffer, Senfkörnern und dem restlichen Öl verrühren. Die Sauce über den Salat gießen, die Pilze zugeben und alles gut vermischen.

► **Pro Portion**

1212/290 kJ/kcal • 7 g Eiweiß
24 g Fett • 7 g Kohlenhydrate
4 g Ballaststoffe • 36 mg Cholesterin

Sprossen keimen

Blättchen oder Sprossen aus Kresse, Senfkörnern, Linsen, Mungbohnen, Alfalfa, Rettich und Weizen können Sie ganz leicht selbst ziehen: Die Samen, Hülsenfrüchte oder Körner in lauwarmem Wasser etwa drei Stunden einweichen, in Kräutererde säen und jeden Tag mäßig gießen. Sobald die Blättchen etwa daumenhoch sind, mit der Küchenschere abschneiden und zubereiten. Wer nur die Sprossen essen will, gibt die gewässerten Samen in ein großes Einmachglas oder in eine Keimbox aus dem Naturkosthandel.

Paprikasalat

Für 4 Portionen

- 3 mittelgroße rote oder gelbe Paprikaschoten
- 1 kleine Zwiebel
- 2 Stängel Majoran
- 100 g weicher Schafskäse (Feta)
- Salz, Pfeffer
- 1 EL Balsamessig
- 3 EL Olivenöl

Zubereitungszeit 20 Minuten

❶ Die Schoten schälen, vierteln, putzen, waschen und in feine Streifen schneiden. Die Zwiebel schälen und in ganz feine Ringe schneiden. Beide Zutaten auf einer Platte anrichten.

❷ Die Majoranblättchen waschen und abzupfen. Den Käse zerkrümeln und beides über den Salat streuen. Den Salat mit Salz und Pfeffer würzen und mit Essig und Öl beträufeln.

► Pro Portion

612/147 kJ/kcal
5 g Eiweiß • 11 g Fett
2 g Kohlenhydrate
1 g Ballaststoffe • 15 mg Cholesterin

Bohnensalat

Für 4 Portionen

- 2 kleine Dosen rote Bohnen
- 1 Lauchzwiebel
- 1/2 Bund Rucola
- 3 Knoblauchzehen
- Salz
- weißer Pfeffer
- 2 EL Balsamessig
- 1 TL Senf
- 5 EL Olivenöl

Zubereitungszeit 10 Minuten

❶ Die Bohnen in ein Sieb geben, kalt abspülen und abtropfen lassen. Die Lauchzwiebel putzen und mit den grünen Stängeln in feine Ringe schneiden. Rucola waschen, trockenschwenken und in feine Streifen schneiden. Rote Bohnen, Lauchzwiebeln und Rucola in einer Schüssel mischen.

❷ Den Knoblauch abziehen und zusammen mit etwas Salz zerdrücken. Frisch gemahlenen Pfeffer, Essig, Senf und Öl unterrühren. Die Sauce zu den Bohnen geben und alles gut vermischen.

► Pro Portion

1596/382 kJ/kcal • 20 g Eiweiß
14 g Fett • 39 g Kohlenhydrate
21 g Ballaststoffe • 0 mg Cholesterin

Das in den Paprikaschoten enthaltene Eisen kann der Körper besser verwerten, wenn Sie den Salat zusätzlich noch mit etwas Zitronensaft würzen.

Rucola schmeckt am besten, wenn die Blätter etwa so groß wie Radieschenblätter sind. Kleinere Blätter haben weniger Aroma, größere zu viel Schärfe.

Gemischter Salat mit Blüten

Legen Sie die im Rezept angegebenen Blüten vor der Verwendung in Zitronenwasser – das hält sie frisch und vertreibt Insekten.

Für 4 Portionen

1/2 Kopfsalat, Frisée oder Romana
1/4 Salatgurke
1 Bund Radieschen
1 große Fleischtomate
1 mittelgroße Karotte
50 ml Gemüsebrühe
2 EL milder Obstessig
Salz
frisch gemahlener schwarzer Pfeffer
2 EL Öl
1 kleiner Apfel
1 Hand voll Blüten von Borretsch, Kapuzinerkresse, Gänseblümchen oder Thymian

Zubereitungszeit 45 Minuten

❶ Die Salatblätter waschen, trockenschwenken und in mundgerechte Stücke teilen. Die Salatgurke schälen und in ganz dünne Scheiben hobeln.

❷ Die Radieschen waschen und in Scheiben schneiden. Die Tomate waschen und würfeln. Die Karotte schälen und grob raspeln. Gemüse und Salat locker in einer großen Schüssel mischen.

Von Rot und Orange über Gelb und Grün bis Lila – in diesem köstlichen Salat sind alle Farben des Sommers vertreten (Seite 33).

❸ Die Brühe und den Essig mit Salz, grobem Pfeffer aus der Mühle und dem Öl mit einem Schneebesen kräftig verquirlen.

❹ Den Apfel waschen, halbieren, vom Kerngehäuse befreien, sehr fein raspeln und unterrühren. Die Sauce über den Salat geben und mischen. Die Blüten auf dem Salat anrichten.

► **Pro Portion**

404/97 kJ/kcal • 2 g Eiweiß
6 g Fett • 8 g Kohlenhydrate
4 g Ballaststoffe • 0 mg Cholesterin

Blüten für den Salat

Sie schmücken und schmecken: Die strahlend blauen Blütensternchen des Borretsch passen wunderbar zu allen grünen Blattsalaten, zu Gurken- und Kartoffelsalat; die gelben und leuchtend roten Blüten der Kapuzinerkresse wirken höchst dekorativ auf Blattsalaten. Alle Blüten steuern einen Hauch des Aromas bei, den auch die Blätter der Pflanze tragen: Borretsch mit seinem erfrischenden Geschmack erinnert an Gurke, Kapuzinerkresse hat eine leicht pfeffrige Note. Wenn Sie sich mit Pflanzen nicht so gut auskennen, nehmen Sie nur die Blüten von Gewürzkräutern. So sind Verwechslungen mit gesundheitsschädlichen oder gar giftigen Pflanzen ausgeschlossen.

Grüner Wintersalat mit Parmesan

Am schönsten sieht der Salat mit den gelben Herzblättern des Friséesalats aus. Genauso fein schmeckt das gelbe Herz von Endiviensalat.

Für 4 Portionen

- 2 Blätter Endiviensalat
- je 50 g Frisée-und Feldsalat
- je 1 Hand voll Brunnenkresse und Winterportulak
- 2 Knoblauchzehen
- 1 kleine unbehandelte Zitrone
- 1 Scheibe Toastbrot
- 1/8 l Olivenöl
- Salz, schwarzer Pfeffer
- 75 g Parmesan

Zubereitungszeit 45 Minuten

❶ Salatblätter, Brunnenkresse und Portulak verlesen, waschen und trockenschleudern. Endivien- und Friséesalat in feine Streifen schneiden, die anderen Salate nicht zerkleinern. Alles in einer großen Schüssel mischen.

❷ Den Knoblauch schälen und zerdrücken. Die Zitrone waschen und abtrocknen. Etwa 1 Teelöffel Schale ganz fein abreiben. Den Saft auspressen.

❸ Das Toastbrot in sehr kleine Würfel schneiden und in einer Pfanne in 2 Esslöffeln Öl bei schwacher bis mittlerer Hitze unter Rühren knusprig braten.

❹ Zitronensaft und -schale, Knoblauch und Salz verrühren. Das restliche Öl unterschlagen und den Salat damit mischen. Mit den Brotwürfeln und grobem Pfeffer aus der Mühle bestreuen. Den Parmesan darüber hobeln.

► **Pro Portion**
1616/387 kJ/kcal • 8 g Eiweiß
36 g Fett • 4 g Kohlenhydrate
1 g Ballaststoffe • 10 mg Cholesterin

Aus einer Familie

Endivien- und Friséesalat sind eng miteinander verwandt. Beide enthalten einen Bitterstoff, der den Appetit anregt, und eignen sich deshalb als Vorspeisensalate. Und beide muss man ganz fein schneiden, damit sich die kräftigen Blätter gut mit dem Dressing verbinden.

Brokkolisalat

Für 4 Portionen

2 Pakete TK-Brokkoli (600 g)
1/8 l Gemüsebrühe (Instant)
1 EL körniger Senf
2 EL Himbeeressig
Salz, Pfeffer
5 EL Öl
1 kleine Zwiebel
500 g Tomaten

Zubereitungszeit 15 Minuten

❶ Den tiefgekühlten Brokkoli in der kochenden Brühe gerade eben bissfest garen. Mit einem Schaumlöffel herausnehmen und in eine Schüssel geben.

❷ Die Brühe mit Senf, Essig, Salz, Pfeffer und Öl verrühren. Die Sauce über den Brokkoli geben, alles vermischen und zugedeckt abkühlen lassen.

❸ Die Zwiebel schälen und fein hacken. Die Tomaten waschen und würfeln. Beide Zutaten unmittelbar vor dem Servieren mit dem Brokkolisalat vermischen.

► **Pro Portion**

949/227 kJ/kcal • 11 g Eiweiß
14 g Fett • 12 g Kohlenhydrate
13 g Ballaststoffe • 0 mg Cholesterin

Löwenzahnsalat mit Nussdressing

Für 4 Portionen

300 g Löwenzahn
12 schwarze Oliven
1 Knoblauchzehe
50 g Walnusskerne
6 EL Sonnenblumenöl
2 EL milder Kräuteressig
3 EL Gemüsebrühe
1 EL körniger Senf
Salz, schwarzer Pfeffer

Zubereitungszeit 30 Minuten

❶ Die Löwenzahnblätter verlesen, waschen, trockentupfen und in feine Streifen schneiden. Die Oliven halbieren und entkernen. Beide Zutaten in eine Schüssel geben.

❷ Den Knoblauch schälen und zerdrücken. Die Nüsse fein hacken. Beide Zutaten in einer Pfanne in 2 Esslöffeln Öl bei schwacher Hitze unter Rühren goldbraun braten.

❸ Die Pfanne von der Kochstelle nehmen. Den Essig, die Brühe, Senf, Salz, Pfeffer und das restliche Öl unterrühren. Das Dressing über dem Salat verteilen.

► **Pro Portion**

980/234 kJ/kcal • 4 g Eiweiß
20 g Fett • 7 g Kohlenhydrate
3 g Ballaststoffe • 0 mg Cholesterin

Frischer Löwenzahn fördert Appetit, Stoffwechsel und Verdauung. Mit einem kräftigen, lauwarmen Dressing schmecken die herben Blätter am besten.

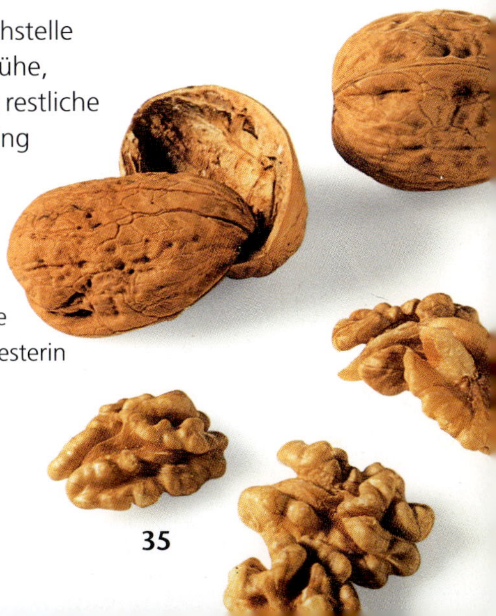

Gemüse-Obst-Salat

Reife Papayas haben eine gelbe oder grüne Schale mit vielen gelben Punkten und fühlen sich an wie eine reife Banane. Dann ist das Fruchtfleisch butterweich und aromatisch. Die Früchte enthalten viel Beta-Karotin und ein Enzym, das die Verdauung fördert.

Raffiniert, ungewöhnlich und eine wahre Vitaminbombe – buntes Gemüse im Verein mit einheimischen und exotischen Früchten (Seite 37).

Für 6 Portionen

- 1 kleine rote Paprikaschote
- 2 Stangen Sellerie
- 1 Minigurke
- 3 Karotten
- 1 kleiner Zucchino
- 300 g Erdbeeren
- 1 Papaya (etwa 450 g)
- 3 kleine reife Apfelbananen
- 2 Orangen
- 2 Limetten
- 2 EL Honig
- 2 EL Maiskeimöl
- 70 g Pecan- oder Cashewnusskerne
- 2 Stängel Pfefferminze

Zubereitungszeit 60 Minuten

❶ Die Paprikaschote waschen, vierteln, putzen und in feine Streifen schneiden. Die Selleriestangen waschen und quer zu den Fasern in sehr dünne Scheiben schneiden. Gurke und Karotten schälen und mit einem Sparschäler in lange, dünne Streifen schneiden. Den Zucchino waschen und in dünne Stifte schneiden.

❷ Die Erdbeeren waschen, abzupfen und je nach Größe halbieren oder vierteln. Die Papaya halbieren, die Kerne entfernen, die Hälften schälen und das Fruchtfleisch in Spalten schneiden. 2 Bananen schälen und in Scheiben schneiden. Gemüse und Obst auf einer großen Platte bunt anrichten.

❸ Die Orangen und Limetten auspressen. Die restliche Banane schälen, fein zerdrücken, mit dem ausgepressten Saft, Honig und Öl verrühren und gleichmäßig über dem Salat verteilen.

❹ Die Nüsse grob hacken und in einer Pfanne ohne Fett leicht rösten. Die Minzeblättchen abzupfen, fein schneiden und mit den Nüssen über den Salat streuen.

► **Pro Portion**

1661/397 kJ/kcal • 6 g Eiweiß
19 g Fett • 44 g Kohlenhydrate
13 g Ballaststoffe • 0 mg Cholesterin

TIP

Je kleiner eine Gurke ist, desto weniger Wasser enthält sie. Deshalb schmecken Minigurken – bis 250 Gramm schwer und bis zu 15 Zentimeter lang – auch besonders aromatisch. Sie werden aufgrund der großen Nachfrage rund ums Jahr importiert. Im Sommer baut man sie auch in Deutschland an – vorwiegend im Freiland. Die großen Salatgurken dagegen kommen immer aus dem Gewächshaus.

Asien-Dressing

Für 8 Portionen
1–2 kleine rote Chilischoten
1/8 l helle Sojasauce
6 EL Reisessig
3 EL Rohr- oder Rübenzucker
4 EL Pflanzenöl
4 EL Sesamöl

Zubereitungszeit 10 Minuten

Wenn der Salat zu sauer geraten ist, helfen zerkleinerte Tomaten, etwas Zucker oder Balsamessig, süße Sahne oder etwas Gemüsebrühe.

❶ Den Stiel der Chilischote entfernen, die Kerne und Trennwände mit einem kleinen, spitzen Messer herausschneiden. Die Schote waschen, trockentupfen und in dünne Ringe schneiden.

❷ Die Sojasauce mit Essig und Zucker so lange verrühren, bis sich der Zucker aufgelöst hat.

❸ Die beiden Öle mit dem Schneebesen langsam unterschlagen und die Chilischote untermischen.

Passt zu: Sojasprossensalat, Gurkensalat, Fenchelsalat mit Glas- oder Reisnudeln, Spinatsalat.

► **Pro Portion**
560/134 kJ/kcal • 2 g Eiweiß
10 g Fett • 7 g Kohlenhydrate
1 g Ballaststoffe
0 mg Cholesterin

Mexiko-Dressing

Für 8 Portionen
5 grüne Peperoni
200 g Zwiebeln
3 Knoblauchzehen
1 kleine Dose geschälte Tomaten
Salz
Zucker

Zubereitungszeit 20 Minuten

❶ Die Peperoni halbieren, die Trennwände und alle Kerne entfernen. Die Schoten waschen, trockentupfen und in feine Streifen schneiden. Die Zwiebeln und den Knoblauch schälen und fein zerkleinern.

❷ Die Tomaten zusammen mit dem Saft in einen Topf geben und mit dem Kartoffelstampfer zerdrücken. Peperoni, Zwiebeln und Knoblauch zugeben und alles einmal aufkochen. Die Sauce mit Salz und etwas Zucker abschmecken.

Passt zu: Rohkost, Kartoffelsalat, Salat aus rohem und gekochtem Gemüse.

► **Pro Portion**
63/15 kJ/kcal
1 g Eiweiß • 0 g Fett
3 g Kohlenhydrate
2 g Ballaststoffe
0 mg Cholesterin

Italien-Dressing

Für 8 Portionen

- 3 EL Rot- oder Weißweinessig
- 1 EL Balsamessig
- 1 TL getrockneter Oregano
- 1 EL Tomatenmark
- Salz, schwarzer Pfeffer
- 1/8 l Olivenöl

Zubereitungszeit 5 Minuten

❶ Beide Essigsorten mit Oregano, Tomatenmark, Salz und Pfeffer aus der Mühle verrühren. Das Öl nach und nach unterschlagen.

Passt zu: Spinatsalat, Tomatensalat, Rucolasalat.

► **Pro Portion**
614/104 kJ/kcal • 0 g Eiweiß
16 g Fett • 0 g Kohlenhydrate
0 g Ballaststoffe • 0 mg Cholesterin

Vinaigrette

Für 8 Portionen

- 4 EL Weißweinessig
- 1 EL scharfer Senf
- Salz, schwarzer Pfeffer
- 1 TL Zucker
- 1/8 l Öl

Zubereitungszeit 5 Minuten

❶ Essig, Senf, Salz, Pfeffer und Zucker verrühren. Das Öl mit dem Schneebesen langsam unterschlagen.

► **Pro Portion**
627/150 kJ/kcal • 0 g Eiweiß
16 g Fett • 1 g Kohlenhydrate
0 g Ballaststoffe • 0 mg Cholesterin

Dressing-Varianten

- Asien-Dressing schmeckt mit Koriandergrün, Ingwer, gehackten Erd- oder Cashewnüssen.
- Zum Mexiko-Dressing passen gehackte Petersilie, Koriandergrün, Basilikum, fein zerkleinerte Paprikaschoten, grober Pfeffer.
- Zum Italien-Dressing passen Knoblauch, Kräuter, Schalotten, Kapern und/oder Oliven.
- Vinaigrette schmeckt mit zerdrücktem Knoblauch, gehackten Schalotten, frischen Kräutern, fein gehackten harten Eiern.

Kräftige Salate mit Rohkost, Hülsenfrüchten oder Kartoffeln lässt man vor dem Servieren bei Zimmertemperatur etwa 30 Minuten in der Marinade ziehen.

Gemüse und Kartoffeln

Gefüllte Paprikaschoten

Für 4 Portionen

- 1 Zwiebel
- 1 Bund Suppengrün
- 2 EL Öl
- 250 g Langkornreis
- 1 TL frische Thymianblättchen oder
- 1 EL TK-Kräutermischung
- 1/2 l Gemüsebrühe
- 50 g weicher Schafskäse (Feta)
- 50 g Parmesan am Stück
- 1 Bund Petersilie
- 750 g Tomaten
- 4 große hellrote Paprikaschoten (ersatzweise mittelgroße grüne Schoten)
- Salz, frisch gemahlener Pfeffer
- 2 EL Tomatenmark
- 1 Prise Zucker
- 100 g Crème fraîche
- 1/4 Bund Basilikum oder Petersilie

Zubereitungszeit 60 Minuten

❶ Für die Füllung die Zwiebel abziehen, das Suppengrün waschen und putzen. Beide Zutaten fein zerkleinern und in einem Topf in 1 Esslöffel heißem Öl anbraten. Reis, Thymian und Brühe zufügen, aufkochen, zugedeckt 10 Minuten bei schwacher Hitze garen und lauwarm abkühlen lassen.

❷ Den Feta fein zerbröckeln, den Parmesan fein reiben. Die Petersilie waschen, trockenschütteln und fein hacken, die Tomaten abziehen und fein zerkleinern. Die Paprikaschoten waschen und trocknen. Von jeder Schote einen Deckel abschneiden und Kerne und Trennwände entfernen. Die Schoten innen kräftig salzen und pfeffern.

❸ Die Reisfüllung mit den beiden Käsesorten, Petersilie, 2 Esslöffeln Tomaten, wenig Salz und einer kräftigen Prise Pfeffer mischen und in die Schoten geben. Die Deckel wieder auf die Schoten setzen.

❹ Das Tomatenmark im restlichen Öl einige Sekunden anrösten. Den Rest der Tomaten untermischen und mit Salz, Pfeffer und Zucker würzen. Die Schoten auf die Tomaten setzen, aufkochen und zugedeckt etwa 40 Minuten bei mittlerer bis schwacher Hitze schmoren.

❺ Die Schoten herausnehmen und auf vorgewärmten Tellern warm halten. Crème fraîche in die Sauce rühren und bei starker Hitze unter Rühren dickflüssig einkochen. Die Sauce um die Schoten geben. Das Basilikum waschen, klein schneiden und darüber streuen.

► **Pro Portion**
2296/549 kJ/kcal • 17 g Eiweiß
20 g Fett • 68 g Kohlenhydrate
10 g Ballaststoffe • 21 mg Cholesterin

Nehmen Sie so oft wie möglich frische oder tiefgefrorene Kräuter; getrocknete Kräuter können mit Schimmelpilzen belastet sein.

TIP

Zu den gefüllten Paprikaschoten schmecken Fladenbrot, helles Landbrot oder Kartoffeln.

Marinierte Artischocken

Für 4 Portionen
Saft von 1 Zitrone
1/8 l trockener Weißwein
1/8 l Olivenöl
1 Lauchzwiebel
1 kleine rote Chilischote
2 Knoblauchzehen
1/2 Bund Estragon
12 kleine, spitze Artischocken
Salz

Zubereitungszeit 60 Minuten

❶ Zitronensaft, Wein und Öl mischen. Die Zwiebel in feine Ringe schneiden. Die Chilischote von Trennwänden und Kernen befreien und in Streifen schneiden. Knoblauch schälen und hacken. Die Estragonblätter zerkleinern.

❷ Die Artischocken waschen und die äußeren Blätter entfernen. Die Blattspitzen abschneiden, die Stiele abbrechen. Die Artischocken der Länge nach halbieren und das Heu entfernen. Mit den Schnittflächen nach unten in eine Gratinform legen und salzen.

❸ Zwiebel, Chilischote, Knoblauch und Estragon um die Artischocken verteilen und die Zitronenmischung zugießen. Mit Alufolie verschließen, in den kalten Ofen (mittlere Schiene) stellen, bei 200 °C (Umluft 180 °C, Gas Stufe 3) etwa 40 Minuten backen. Im Sud erkalten lassen.

► **Pro Portion**
1664/398 kJ/kcal • 4 g Eiweiß
32 g Fett • 17 g Kohlenhydrate
6 g Ballaststoffe • 0 mg Cholesterin

Marinierte Artischocken serviert man kalt oder lauwarm mit Baguette oder Fladenbrot. Zur Variante mit gemischtem Gemüse schmecken gebackene neue Kartoffeln oder ebenfalls Weißbrot.

Artischocken

❶ Von den großen, runden Artischocken isst man nur die Blattspitzen und Böden.

❷ Mittelgroße runde oder spitze Früchte werden ohne Heu geschmort und mariniert.

❸ Junge Artischocken oder kleine Sorten kann man schmoren/dünsten und ganz essen.

Käsetarte mit Auberginen

Für 8 bis 12 Portionen

Teig:
- 250 g Mehl
- Salz
- 1 Ei
- 125 g weiche Butter oder Pflanzenmargarine

Belag:
- 1 schlanke Aubergine (ca. 250 g)
- 2 EL Öl
- 100 g Greyerzer in dünnen Scheiben
- 4 Eier, 250 g süße Sahne
- Salz, weißer Pfeffer
- geriebene Muskatnuss
- 1 EL Butter oder Pflanzenmargarine

Zubereitungszeit 75 Minuten

❶ Für den Teig Mehl, Salz, 2 Esslöffel kaltes Wasser, Ei und Butter zu einem glatten Teig verkneten. Falls der Teig zu trocken ist, tropfenweise noch 1 Esslöffel Wasser unterkneten.

❷ Eine Springform von 26 cm Durchmesser mit dem Teig auskleiden, dabei einen etwa 4 cm hohen Rand formen. Den Teigboden mit einer Gabel mehrmals einstechen und 30 Minuten kühl stellen.

❸ Die Aubergine waschen, der Länge nach in dünne Scheiben schneiden und im heißen Öl bei schwacher bis mittlerer Hitze weich braten. Den Käse in 3 cm breite Streifen schneiden. Die Eier mit Sahne, Salz, Pfeffer und Muskat verrühren.

❹ Auberginen- und Käsescheiben abwechselnd schuppenförmig auf dem Teigboden verteilen. Die Sahnemischung darüber gießen. Die Butter in kleinen Stückchen uber die Tarte verteilen. In den kalten Ofen (mittlere Schiene) stellen und bei 200 °C (Umluft 180 °C, Gas Stufe 4) etwa 30 Minuten backen, bis der Belag gebräunt und fest, aber noch saftig ist.

► **Pro Portion**

1014/242 kJ/kcal • 7 g Eiweiß
18 g Fett • 11 g Kohlenhydrate
2 g Ballaststoffe • 120 mg Cholesterin

Früher waren Auberginen bitter und man musste sie vor dem Garen salzen und ziehen lassen. Bei den modernen Züchtungen ist das nicht mehr notwendig.

Auberginencurry

Auberginen sollte man bei schwacher Hitze braten, dann nehmen sie weniger Fett auf.

Für 4 Portionen
3 kleine Auberginen
3 Tomaten
1 grüne Chilischote
1 große Zwiebel
2 Knoblauchzehen
1 Stück frischer Ingwer
7 EL Erdnussöl
1 TL Kurkumapulver
1/2 TL Kreuzkümmel, Salz
300 g Naturjoghurt (3,5 %)

Zubereitungszeit 75 Minuten

❶ Die Auberginen waschen und in etwa fingerdicke Scheiben schneiden. Die Tomaten abziehen und in Scheiben schneiden. Die Chilischote halbieren, von den Trennwänden und Kernen befreien, waschen und in Streifen schneiden. Zwiebel, Knoblauch und Ingwer schälen und fein zerkleinern.

❷ Das Öl nach und nach in einer großen Pfanne erhitzen. Die Auberginen darin portionsweise bei schwacher Hitze auf beiden Seiten braten, bis sie gebräunt und halb weich sind. Herausnehmen und auf Küchenpapier abtropfen lassen.

Typisch zum Curry ist natürlich Reis; Hirse oder Bulgur schmecken genauso gut dazu (Seite 45).

❸ Zwiebel, Knoblauch, Chilischote, Ingwer, Kurkuma und Kreuzkümmel im Bratöl bei schwacher Hitze unter Rühren andünsten. Tomaten und Auberginen schichtweise in die Pfanne legen und mit Salz würzen. Alles langsam zum Kochen bringen, bis die Tomaten Saft abgeben. Zugedeckt bei schwacher Hitze etwa 10 Minuten garen.

❹ Das Gemüse mit dem Kartoffelstampfer etwas zerdrücken. Den Joghurt mit einem Schneebesen schaumig schlagen, langsam unter das Curry mischen und erhitzen, aber nicht aufkochen.

► **Pro Portion**
1210/289 kJ/kcal • 7 g Eiweiß
21 g Fett • 18 g Kohlenhydrate
6 g Ballaststoffe • 9 mg Cholesterin

Auberginen

Sie gehören zur selben Familie wie Tomaten und Kartoffeln, doch anders als ihre ursprünglich amerikanischen Verwandten stammen sie aus Indien. Die Auberginengerichte, die Sie in allen asiatischen Ländern finden, haben lange Tradition. Nach Europa kamen die Eierfrüchte durch die Araber im 13. Jahrhundert. Zum »Nationalgemüse« wurden sie dann in der Türkei, in Griechenland und Italien. Auberginen sind arm an Kalorien, doch vitamin- und mineralstoffreich.

Brokkoli mit Reis und Ei

Für 2 Portionen

500 g Brokkoli
1 Zwiebel
2 EL gesalzene Erdnusskerne
2 Eier
Salz und Pfeffer
1/2 TL gemahlener Koriander
3 EL Erdnussöl
100 g gegarter Langkornreis

Zubereitungszeit 30 Minuten

Brokkolistiele schmecken geschält viel besser. Fein zerkleinert können Sie Brokkoli ohne Vorgaren rasch in der Pfanne schmoren.

❶ Den Brokkoli waschen und in Röschen, Stiele und Blätter teilen. Die Stiele schälen und alles fein zerkleinern. Die Zwiebel schälen und in Ringe schneiden. Die Erdnüsse hacken. Die Eier mit Salz, Pfeffer und Koriander verrühren.

❷ Das Öl in einer beschichteten Pfanne erhitzen. Brokkoli und Zwiebel darin anbraten, 2 Esslöffel Wasser zugeben und zugedeckt bei schwacher Hitze 5 Minuten garen.

❸ Den Reis untermischen und die Eier darüber gießen. Alles unter ständigem Rühren braten, bis die Eier gestockt sind. Die Erdnüsse untermischen.

► Pro Portion
2009/480 kJ/kcal • 22 g Eiweiß
30 g Fett • 25 g Kohlenhydrate
13 g Ballaststoffe • 240 mg Cholesterin

Blumenkohl in Käsesauce

Für 4 Portionen

1 Blumenkohl (ca. 800 g)
100 g mittelalter Gouda
1 Tomate
1 Bund Majoran oder Petersilie
1/4 l Gemüsebrühe
5 EL Milch
2 EL süße Sahne
1 TL Zitronensaft
Salz, schwarzer Pfeffer
geriebene Muskatnuss

Zubereitungszeit 30 Minuten

❶ Den Blumenkohl putzen und in Röschen und Strünke teilen. Den Käse fein reiben. Die Tomate abziehen und würfeln. Die Majoranblätter fein hacken.

❷ Die Brühe zum Kochen bringen. Röschen und Strünke darin aufkochen und zugedeckt in etwa 10 Minuten bissfest garen. Die Röschen herausheben.

❸ Die Strünke weitere 5 Minuten kochen und mit der Kochflüssigkeit pürieren. Milch, Sahne, Zitronensaft und Käse dazu geben und bei schwacher bis mittlerer Hitze so lange rühren, bis sich der Käse aufgelöst hat. Mit Salz, Pfeffer und Muskatnuss abschmecken.

❹ Die Blumenkohlröschen in der Sauce erhitzen, aber nicht aufkochen. Tomaten und Majoranlocker untermischen.

► **Pro Portion**
737/179 kJ/kcal • 12 g Eiweiß
10 g Fett • 7 g Kohlenhydrate
6 g Ballaststoffe • 26 mg Cholesterin

Je frischer das Gemüse, desto schneller ist es gar. Blumenkohl oder Brokkoli schmecken überhaupt nicht mehr, wenn sie zu weich geraten sind. Deshalb nicht einfach die angegebene Garzeit einhalten, sondern zwischendurch lieber mal kosten.

Tips zu Blumenkohl und Brokkoli

❶ Blumenkohl und Brokkoli gehören zu den besonders leicht verdaulichen Gemüsearten.

❷ Beim Blumenkohl nur die harten Blätter entfernen. Alles Grüne liefert viel Vitamin C.

❸ Etwas Zitronensaft im Blumenkohlwasser erhält die weiße Farbe und schützt das Vitamin C.

❹ Brokkoli enthält noch mehr Vitamin C als weißer Blumenkohl und viel Beta-Karotin.

❺ Die vitaminreichen grünen Brokkoliblätter schmecken als Gemüse so gut wie Wirsing.

❻ Brokkoli mit gelblichen Röschen ist zu reif geerntet oder überlagert und wenig aromatisch.

Die zarten Fenchelblättchen verwendet man wie Kräuter: Beim Putzen der Knolle abschneiden und beiseite legen. Zum Servieren waschen, hacken und über das fertige Gericht streuen.

Fenchelgemüse mit Dill

Für 4 Portionen

4 Fenchelknollen
2 Knoblauchzehen
1 Bund Dill
3 EL Olivenöl
2 EL Gemüsebrühe (Instant)
Salz, weißer Pfeffer
1 EL Kapern
2 EL saure Sahne

Zubereitungszeit 20 Minuten

❶ Den Fenchel putzen, waschen und in Steifen schneiden. Den Knoblauch schälen und zerdrücken. Den Dill waschen, trockentupfen und fein hacken.

❷ Das Öl in einem Topf erhitzen und den Fenchel darin bei starker Hitze kurz anbraten. Knoblauch, Brühe, Salz und Pfeffer zugeben und den Fenchel zugedeckt bei mittlerer bis schwacher Hitze in etwa 4 Minuten gerade eben bissfest kochen.

❸ Die Kapern, die saure Sahne und zum Schluss den Dill untermischen und erhitzen, aber nicht mehr aufkochen.

► **Pro Portion**
627/150 kJ/kcal • 6 g Eiweiß
10 g Fett • 8 g Kohlenhydrate
7 g Ballaststoffe • 3 mg Cholesterin

Fenchelgratin

Für 4 Portionen

3 mittelgroße Fenchelknollen
1 kleine Dose Pizzatomaten
1/8 l Gemüsebrühe (Instant)
1 TL getrockneter Thymian
Salz, frisch gemahlener Pfeffer
200 g Gratinkäse
2 EL Semmelbrösel
1 EL Butter oder Margarine

Zubereitungszeit 60 Minuten

❶ Den Fenchel putzen, waschen, vierteln und dicht nebeneinander in eine flache Gratinform legen.

❷ Die Tomaten mit Brühe, Thymian, Salz und Pfeffer mischen und über dem Fenchel verteilen. Den Käse mit den Semmelbröseln mischen und darüber streuen. Die Butter in Flöckchen darauf verteilen.

❸ Das Gratin zugedeckt in den kalten Backofen (mittlere Schiene) stellen. Bei 200 °C (Umluft 180 °C, Gas Stufe 3) etwa 25 Minuten backen, bis der Fenchel fast weich ist. Gratin ohne Deckel weitere 10 bis 15 Minuten backen, bis es schön braun ist.

► **Pro Portion**
1258/301 kJ/kcal • 19 g Eiweiß
15 g Fett • 15 g Kohlenhydrate
8 g Ballaststoffe • 40 mg Cholesterin

Zum Gemüse passen Kartoffeln oder Reis und gebratene Austernpilze. Das Gratin schmeckt mit Knoblauchbrot (Rezept Seite 51) und Salat (Seite 49).

Kohlrabipuffer mit Joghurtsauce

Pfefferminze regt die Produktion von Gallen- und Magensäure an. Trotzdem sollte man sie nur in Maßen verwenden, damit der Magen nicht rebelliert.

Für 4 Portionen

- 50 g Sonnenblumenkerne
- 2 Stängel frische Pfefferminze
- 250 g Magerjoghurt
- 1 EL Crème fraîche
- Salz, weißer Pfeffer
- 4 mittelgroße Kohlrabi
- 1 mittelgroße mehlige Kartoffel
- 1 EL Zitronensaft
- 1 Zwiebel
- 1 Knoblauchzehe
- 75 g Mehl
- 75 g Pastakäse
- 2 Eier
- Öl oder Butterschmalz zum Braten

TIP

Pastakäse, eine Mischung aus Cheddar (Chester), dänischem Regato und Emmentaler, gibt es fertig gerieben im Supermarkt zu kaufen.

Zubereitungszeit 75 Minuten

❶ Für die Sauce die Sonnenblumenkerne und die Pfefferminzblättchen fein zerkleinern. Mit dem Joghurt und der Crème fraîche mischen und mit Salz und Pfeffer abschmecken.

❷ Für die Puffer die Kohlrabi und die Kartoffel schälen und waschen. Portionsweise im Blitzhacker fein zerkleinern und in einer Schüssel mit dem Zitronensaft verrühren.

❸ Die Zwiebel und den Knoblauch abziehen, fein hacken und zu den Kohlrabi geben. Mehl, Käse, Eier, Salz und eine kräftige Prise Pfeffer zufügen und alles mit dem Kochlöffel zu einem Teig verrühren.

❹ Das Öl in einer großen Pfanne erhitzen. Den Teig als Puffer ins Öl geben und bei mittlerer bis schwacher Hitze auf jeder Seite etwa 5 Minuten backen. Im Backofen bei 50 °C warm halten, bis alle Puffer fertig sind. Die Puffer mit der Sauce und eventuell Brot servieren.

► Pro Portion

1907/456 kJ/kcal • 22 g Eiweiß
22 g Fett • 38 g Kohlenhydrate
8 g Ballaststoffe
133 mg Cholesterin

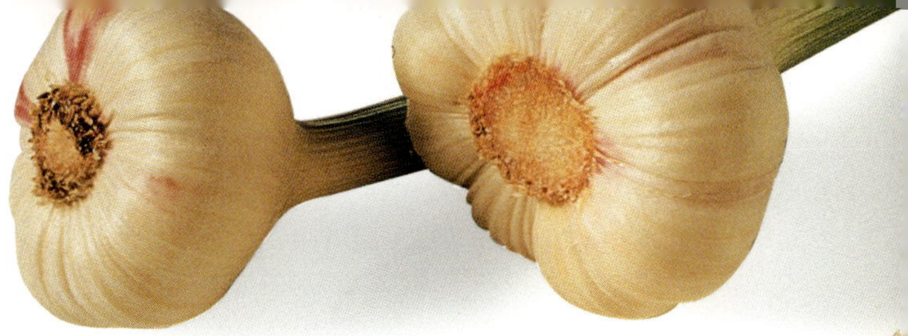

Knoblauchbrote

Für 4 Portionen
4 Knoblauchknollen
150 ml trockener Weißwein
4 Stängel Rosmarin
4 EL Olivenöl
1 Baguette (250 g)
1 Fleischtomate
50 g Parmesan
Salz
frisch gemahlener weißer Pfeffer
1 TL Zitronensaft

Zubereitungszeit 90 Minuten

❶ Die äußeren Blätter der Knoblauchknollen entfernen. Die Knollen quer halbieren, mit den Schnittflächen nach oben eng nebeneinander in eine Gratinform setzen und mit dem Wein übergießen. Die Rosmarinstängel waschen und trockenschwenken. Auf jede Knollenhälfte einen Rosmarinstängel legen und die Hälften mit Öl beträufeln.

❷ Den Knoblauch zugedeckt in den kalten Backofen (mittlere Schiene) schieben und bei 200 °C (Umluft 180 °C, Gas Stufe 3) in 60 Minuten weich backen.

❸ Inzwischen das Baguette schräg in Scheiben schneiden. Die Tomate waschen, trocknen und würfeln, den Parmesan hobeln.

❹ Die Form mit dem Knoblauch herausnehmen. Die Baguettescheiben auf einem Blech im Ofen in etwa 2 Minuten knusprig backen.

❺ Den Knoblauch mit einer Gabel aus den Häuten streifen und mit Salz, Pfeffer und Zitronensaft mischen. Die Brotscheiben damit bestreichen und mit den Tomaten belegen. Den Parmesan darüber streuen.

► **Pro Portion**
1455/348 kJ/kcal • 10 g Eiweiß
13 g Fett • 37 g Kohlenhydrate
2 g Ballaststoffe • 7 mg Cholesterin

Sommer-Buffet ohne Fleisch

- Paprikaschoten (Seite 58, 59)
- Tomatentaschen (Seite 71)
- Käsetarte (Seite 43)
- Kartoffelsalat (Seite 21)
- Börek mit Spinat (Seite 70)
- Knoblauchbrote (Rezept oben)
- Salat mit Blüten (Seite 32)
- Zucchinisalat (Seite 27)
- Paprikasalat (Seite 31)
- Pfirsichdessert (Seite 156)
- Holundergrütze (Seite 157)
- Brot und Käse
- Obst

Knoblauchzehen mit grünen Trieben können Sie wie Blumenzwiebeln in Töpfe pflanzen. In der warmen Küche treiben sie bald lange grüne Röhrchen mit feinem Knoblaucharoma, die man wie frischen Schnittlauch oder Lauchzwiebelgrün verwendet.

Kohlrabicurry mit scharfen Pfannkuchen

Am besten bereitet man Pfannkuchen und Gemüse parallel in zwei Pfannen beziehungsweise im Wok zu. Dann bleibt das Gemüse schön knackig.

Für 4 Portionen

Pfannkuchen:

- 100 g Mehl
- 1 TL Chilipulver
- Salz
- 1/4 l Buttermilch
- 2 Eier

Curry:

- 3 Kohlrabi
- 2 rote Paprikaschoten
- 1 mittelgroße Gemüsezwiebel
- 2 Knoblauchzehen
- 5 EL Öl
- 1 EL Currypulver
- 1/8 l Gemüsebrühe
- 5 EL dunkle Sojasauce
- 2 EL Erdnussmus
- Salz
- 1 EL gesalzene Erdnusskerne

Zubereitungszeit 60 Minuten

❶ Das Mehl in einer Schüssel mit dem Chilipulver und dem Salz mischen. Zuerst die Buttermilch, dann nacheinander die Eier unterrühren und alles mit den Quirlen des Handrührgerätes zu einem glatten Teig verarbeiten. Den Teig ruhen lassen, bis das Gemüse vorbereitet ist.

❷ Die Kohlrabi schälen und würfeln. Die Paprikaschoten vierteln, Trennwände und Kerne entfernen, Schoten waschen und in feine Streifen schneiden. Die Zwiebel schälen und in dünne Ringe schneiden, den Knoblauch schälen und fein hacken.

❸ In einer großen Pfanne oder im Wok 2 Esslöffel Öl erhitzen und das Currypulver darin bei schwacher Hitze anbraten. Die Zwiebelringe zugeben und glasig dünsten. Kohlrabi, Paprikaschoten, Knoblauch und die Hälfte der Brühe zufügen, einmal aufkochen und zugedeckt bei mittlerer Hitze 5 Minuten garen.

❹ Die restliche Brühe mit der Sojasauce und dem Erdnussmus verrühren, zum Gemüse geben und unter Rühren aufkochen. Alles mit Salz abschmecken und zugedeckt warm halten.

❺ Das restliche Öl in einer Pfanne erhitzen und aus dem Teig nacheinander 4 Pfannkuchen backen.

❻ Die Erdnusskerne hacken und in der heißen Pfanne ohne Fettzugabe goldgelb rösten. Das Gemüse damit bestreuen und die Pfannkuchen dazu servieren.

Das Chilipulver gibt den Pfannkuchen die Schärfe. Dazu schmeckt das pikant abgeschmeckte Kohlrabi-Paprikagemüse (Seite 53).

► Pro Portion

1825/437 kJ/kcal • 18 g Eiweiß
23 g Fett • 33 g Kohlenhydrate
24 g Ballaststoffe • 122 mg Cholesterin

Gefüllte Rondini

Für 3 Portionen

- 4 EL Vollkorncouscous
- 3 Rondini (à ca. 300 g)
- 1/2 Stange Porree
- 750 g Tomaten
- 2 Stücke getrocknete Tomaten in Öl
- 3 Stängel Bohnenkraut, Thymian oder Estragon
- 3 EL Öl
- 1 kleine Dose Tomatenmark (70 g)
- 1/2 TL Zucker
- Salz
- 4 EL geriebener Käse (ca. 40 g)
- 1/2 TL Harissa oder Cayennepfeffer

Achtung beim Halbieren oder Schälen: Rondini sehen aus wie runde Zucchini, haben aber eine sehr harte, glatte Schale, an der das Messer leicht abgleitet.

Zubereitungszeit 45 Minuten

❶ Den Couscous in 1/8 l Wasser quellen lassen, bis die anderen Zutaten vorbereitet sind. Die Rondini mit einem scharfen Messer quer halbieren. Das weiche Innere mit den Kernen mit einem Teelöffel herauskratzen. Das feste Fruchtfleisch mit einem Löffel oder einem spitzen Messer herausholen und in kleine Stücke schneiden.

❷ Den Porree putzen, waschen und in dünne Ringe schneiden. Die Tomaten abziehen. 2 Tomaten fein zerkleinern, den Rest grob schneiden. Die getrockneten Tomatenstücke in Streifen schneiden. Die Kräuterblätter grob hacken.

❸ Das Öl in einer großen Pfanne erhitzen, in der die Rondinihälften nebeneinander Platz haben. Den Porree und das Rondinifleisch darin etwa 5 Minuten schmoren, bis die Rondinistücke halb weich sind. Beides in eine Schüssel geben und etwas abkühlen lassen.

❹ Die grob gehackten Tomaten, Tomatenmark, die Hälfte der Kräuter, Zucker und Salz in die Pfanne geben und bei schwacher Hitze etwa 5 Minuten schmoren.

❺ Porree und Rondinifleisch mit den fein gehackten Tomaten, den Tomatenstreifen, den restlichen Kräutern, Couscous, Käse, Harissa und Salz vermischen und in die Rondini füllen. Die Rondini auf die geschmorten Tomaten setzen und zugedeckt bei mittlerer bis schwacher Hitze knapp 15 Minuten schmoren.

► Pro Portion

1342/321 kJ/kcal • 11 g Eiweiß
18 g Fett • 25 g Kohlenhydrate
9 g Ballaststoffe • 8 mg Cholesterin

Süße Kürbis-pfannkuchen

Für 28 bis 30 Stück

200 g süßsauer eingelegter Kürbis (Glas oder Dose)
200 g Mehl
4 Eier
250 ml Buttermilch
125 ml Milch
40 g brauner Zucker
1 TL Zimtpulver
geriebene Muskatnuss
3 EL Öl

Zubereitungszeit 60 Minuten

❶ Den Kürbis abtropfen lassen. Kürbis, Mehl, Eier, Buttermilch, Milch, Zucker, Zimt und Muskatnuss in eine Schüssel geben und alles mit den Quirlen des Handrührgeräts zu einem glatten Teig verrühren.

❷ Eine kleine, beschichtete Pfanne erhitzen, mit etwas Öl auspinseln und pro Pfannkuchen knapp 2 Esslöffel Teig darin durch leichtes Schwenken verteilen.

Den Pfannkuchen zugedeckt bei mittlerer Hitze etwa 3 Minuten backen. Sobald die Oberseite fest ist, den Pfannkuchen wenden und in der offenen Pfanne in etwa 2 Minuten fertig backen.

❸ Für jeden weiteren Pfannkuchen die Pfanne mit etwas Öl auspinseln. Die fertigen Pfannkuchen im Backofen bei 50 °C warm halten.

► **Pro Portion**
238/57 kJ/kcal • 2 g Eiweiß • 2 g Fett
63 g Kohlenhydrate • 1 g Ballaststoffe
33 mg Cholesterin

Gut zum Lagern

Ganze Herbst- und Winterkürbisse kann man monatelang kühl und trocken lagern. Erst angeschnitten muss man sie wie anderes Gemüse rasch verbrauchen. Sie erkennen die Sorten mit harter Schale – zum Beispiel Riesenkürbis, Rondini oder Gartenkürbis – am holzigen, trockenen Stiel.

Die typischen Beilagen zu diesen Frühstückspfannkuchen aus den USA sind Ahornsirup, Obstsalat oder säuerliches Kompott wie Rhabarber oder Sauerkirschen. Als Hauptgericht schmecken sie mit Salat und sogar mit Sauerkraut.

Grünkohleintopf mit Safranklößchen

Gemüse gut zugedeckt bei mittlerer bis schwacher Hitze garen. So bleiben Farbe, Aroma und Vitamine am besten erhalten.

Für 2 Portionen

- 40 g Butter
- 1 TL Safranfäden
- 1 Päckchen getrocknete Pilze (ca. 15 g)
- 500 g Grünkohl
- 1–2 Bund Suppengrün
- 1 Zwiebel
- Salz
- frisch gemahlener Pfeffer
- 2 Eier
- etwas abgeriebene, unbehandelte Zitronenschale
- 60 g Mehl
- 2 EL Öl oder 1 EL Butterschmalz
- 1 TL Gemüsebrüheextrakt
- 100 g Schmant
- 1 EL gemischte tiefgefrorene Kräuter

Zubereitungszeit 45 Minuten

❶ Die Butter zusammen mit dem Safran in einem Pfännchen lauwarm erhitzen und wieder abkühlen lassen. Die Pilze etwa 15 Minuten in 1/4 l warmem Wasser einweichen.

❷ Den Grünkohl waschen. Die Blätter von den Stielen streifen und grob zerkleinern. Das Suppengrün waschen, putzen und fein zerkleinern. Die Zwiebel schälen und fein hacken.

❸ Die weiche Safranbutter mit den Quirlen des Handrührgerätes mit dem Salz und einer kräftigen Prise Pfeffer schaumig rühren. Zuerst die Eier und die Zitronenschale, dann das Mehl untermischen.

❹ Reichlich Salzwasser zum Kochen bringen. Von dem Teig mit zwei Teelöffeln Klößchen abstechen. Die Klößchen im Wasser einmal kurz aufkochen und halb zugedeckt etwa 10 Minuten bei schwacher Hitze gar ziehen lassen.

❺ Inzwischen das Öl erhitzen und Grünkohl, Suppengrün und Zwiebel darin unter Rühren etwa 2 Minuten andünsten. Die Pilze mit dem Wasser zugießen, die Brühe unterrühren und alles einmal aufkochen. Zugedeckt bei mittlerer bis schwacher Hitze etwa 10 Minuten garen, bis der Grünkohl gerade eben bissfest ist.

❻ Den Schmant untermischen. Den Eintopf mit Salz und Pfeffer abschmecken, noch einmal erhitzen und auf vorgewärmten Tellern verteilen. Die gut abgetropften Klößchen darauf anrichten und mit den Kräutern bestreuen.

Grünkohleintopf schmeckt nicht nur an kalten Wintertagen - mit den köstlichen Safranklößchen wird er zum »Sonntagsessen« (Seite 57).

► Pro Portion

2897/693 kJ/kcal • 28 g Eiweiß
47 g Fett • 33 g Kohlenhydrate
22 g Ballaststoffe • 321 mg Cholesterin

Paprikaschoten mit Tomatendip

Für 3 Portionen

- 1 Fleischtomate
- 1/2 Bund Schnittlauch
- 200 g Naturjoghurt (3,5 %)
- 1 EL Crème fraîche
- Salz, frisch gemahlener Pfeffer
- 6 gleich große, spitze Paprikaschoten
- 100 g Gorgonzola
- 1–2 Stängel Basilikum
- 1 Ei
- 50 g Mehl
- 6 EL Öl

Schneller geht es so: Rote Paprikaschoten schälen, achteln und ohne Füllung in den Teig tauchen. Schwimmend in reichlich Öl ausbacken und mit dem Dip, Fladenbrot und Salat servieren.

Zubereitungszeit 60 Minuten

1 Die Tomate waschen und in kleine Würfel schneiden. Den Schnittlauch waschen, trockenschwenken und in feine Röllchen schneiden. Den Joghurt mit der Crème fraîche glattrühren. Die Tomate und den Schnittlauch untermischen. Den Dip mit Salz und Pfeffer würzen.

2 Die Paprikaschoten abziehen (Seite 59) und trocknen. Den Stiel mit den Kernen mit einem kleinen, spitzen Messer so herausschneiden, dass nur eine ganz kleine Öffnung entsteht. Den Gorgonzola in 6 Stücke schneiden und jeweils mit einem Basilikumblatt in die Schoten geben.

3 Das Ei trennen. Das Eiweiß steif schlagen und Eigelb, Mehl, Salz und Pfeffer unterheben. Die Paprikaschoten in den Teig tauchen und in einer Pfanne im heißen Öl bei mittlerer Hitze goldgelb braten. Auf Küchenpapier kurz abtropfen lassen und heiß mit dem Dip zu Pellkartoffeln und Salat servieren.

► **Pro Portion**

2273/544 kJ/kcal • 18 g Eiweiß
38 g Fett • 26 g Kohlenhydrate
9 g Ballaststoffe • 123 mg Cholesterin

Gemüsepaprika

Grüne und hellgrüne Schoten werden unreif, rote und gelbe Schoten reif geerntet. Große, längliche Paprika mit stumpfem Ende sind bei uns am beliebtesten, weil man sie üppig füllen und gut schmoren kann. Spitze, kleine Schoten schmecken besonders aromatisch und werden in der Mittelmeerküche zum Marinieren und Ausbacken verwendet. Dickfleischiger, runder Tomatenpaprika eignet sich für Salate und zum Marinieren.

Paprikaschoten mit Schafskäse

Für 4 Portionen

- 4 mittelgroße rote, grüne und gelbe Paprikaschoten
- 500 g Tomaten
- 1 Gemüsezwiebel
- 2 Knoblauchzehen
- 200 g weicher Schafskäse
- Salz, frisch gemahlener Pfeffer
- 1 Bund gemischte Kräuter (Rosmarin, Thymian, Lorbeer, Salbei)
- 6 EL Olivenöl
- 6 EL trockener Weißwein oder Gemüsebrühe

Zubereitungszeit 100 Minuten

❶ Die Paprikaschoten abziehen oder waschen, putzen und in etwa fingerbreite Streifen schneiden. Die Tomaten abziehen, vierteln und die Stielansätze entfernen. Zwiebel und Knoblauch schälen und hacken. Den Käse zerbröckeln.

❷ Paprikaschoten, Tomaten, Zwiebel und Käse in einen Schmortopf schichten, den Knoblauch darüber streuen. Mit Salz und reichlich Pfeffer würzen. Die Kräuterzweige dazwischen legen, Öl und Wein zugießen. In den kalten Backofen (untere Schiene) schieben und bei 200 °C (Umluft 180 °C, Gas Stufe 3) etwa 75 Minuten schmoren. Dazu passen Weißbrot oder Pellkartoffeln.

► Pro Portion
1603/384 kJ/kcal • 13 g Eiweiß
26 g Fett • 18 g Kohlenhydrate
8 g Ballaststoffe • 30 mg Cholesterin

Viele Menschen vertragen Paprikaschoten ohne Haut besser. Zum Abziehen müssen Sie etwa 30 Minuten mehr Zubereitungs- und Arbeitszeit rechnen. Dickfleischige rote Paprikaschoten kann man auch mit einem Sparschäler abschälen.

Paprikaschoten abziehen

❶ Die geviertelten Schoten mit der Hautseite nach unten in heißem Pflanzenöl braten.

❷ Ganze Schoten unter dem Backofengrill backen, bis die Haut große Blasen wirft.

❸ Unter einem feuchten Tuch oder in einem Gefrierbeutel abkühlen lassen und abziehen.

Spätzlegratin mit Porree

Porree oder Lauch gibt es fast das ganze Jahr über. Herbstporree wird von September bis Mitte Januar geerntet, Winterporree von Dezember bis März. Zarter Sommerporree mit langem Schaft kommt von Juni bis August auf den Markt.

Für 4 Portionen

200 g dünne Porreestangen
4 Knoblauchzehen
50 g Pecorino
250 g Mozzarella
1 EL Olivenöl
1 Paket frische Spätzle oder Kartoffelnudeln (500 g)
Salz
frisch gemahlener schwarzer Pfeffer

Zubereitungszeit 40 Minuten

❶ Den Backofen auf 200 °C (Umluft 180 °C, Gas Stufe 3) vorheizen. Den Porree putzen, waschen und in dünne Ringe schneiden. Den Knoblauch schälen und hacken. Den Pecorino reiben, den abgetropften Mozzarella in kleine Würfel schneiden.

❷ Das Öl in einer Pfanne erhitzen und Porree und Knoblauch darin bei schwacher Hitze halb weich braten. Mit den Spätzle locker mischen, in eine flache Gratinform geben, mit Salz und Pfeffer würzen, mit dem Pecorino bestreuen und mit dem Mozzarella belegen.

❸ Das Gratin in den Backofen (mittlere Schiene) stellen und in etwa 15 Minuten goldbraun überbacken.

Überbackene Spätzle gehören zu den schnellen und höchst delikaten Gerichten der vegetarischen Küche (Seite 61).

► Pro Portion

1520/364 kJ/kcal • 20 g Eiweiß
22 g Fett • 16 g Kohlenhydrate
2 g Ballaststoffe • 89 mg Cholesterin

Porree

• Kaufen

Die Blätter müssen grün und saftig sein. Vergilbter Porree ist bereits überlagert. Achten Sie auch darauf, dass die Stangen keine Druckstellen haben – manchmal werden die Stangen beim Bündeln zu fest zusammengedrückt und können sehr leicht faulen.

• Lagern

Legen Sie Porree nicht neben Blumenkohl, Birnen, Äpfel, Beeren und Zitrusfrüchte, denn das starke Aroma des Porree überträgt sich schnell. Kühl gelagert hält er sich zwei Tage.

• Vorbereiten

Zwischen den Blättern stecken meistens viel Sand und Erde, deshalb jede Stange auf ein Küchenbrett legen und etwas unterhalb der grünen Blätter beginnend längs aufschneiden. So hängt der weiße Schaft zusammen, doch die Blätter können Sie beim Waschen auseinander biegen.

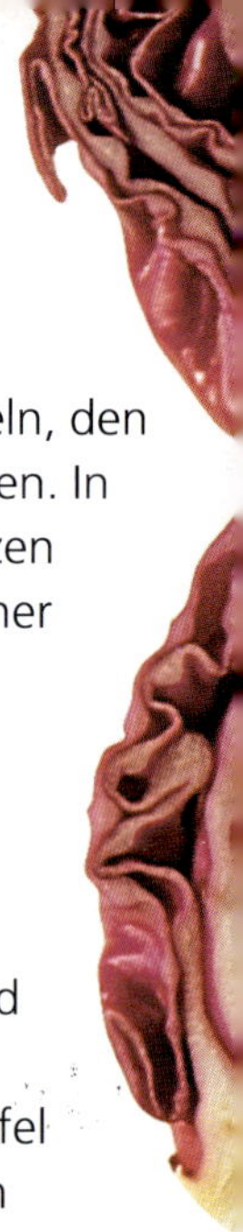

Scharfe Rosenkohlsuppe

Die Röschen am Stiel kreuzförmig einschneiden, dann ist Rosenkohl schneller gar. Unglaublich, aber Rosenkohl enthält fast doppelt so viel Vitamin C wie Orangen!

Für 4 Portionen

- 500 g Rosenkohl
- 1 Zwiebel
- 1 EL Öl
- 1 EL Gemüsebrüheextrakt
- 2 dünne Scheiben Vollkornbrot (ca. 40 g)
- 2 Knoblauchzehen
- 1 EL Butter
- 100 g Crème fraîche
- etwa 1/2 TL Sambal Olek
- 1 EL tiefgefrorene italienische Kräutermischung

Zubereitungszeit 45 Minuten

❶ Den Rosenkohl putzen und waschen. Die Stiele kreuzförmig einschneiden. Die Zwiebel schälen und fein hacken. Das Öl in einem großen Topf erhitzen und die Zwiebel darin bei schwacher Hitze glasig braten.

❷ Den Rosenkohl mit 3/4 l Wasser und dem Gemüsebrüheextrakt zugeben und alles einmal aufkochen. Zugedeckt bei mittlerer bis schwacher Hitze etwa 10 Minuten garen, bis der Rosenkohl gerade eben bissfest ist.

Am besten schmecken grüne Röschen, gelbe sind bereits überlagert.

❸ Inzwischen das Brot würfeln, den Knoblauch schälen und hacken. In einer Pfanne die Butter erhitzen und beides darin bei schwacher bis mittlerer Hitze braten, bis das Brot knusprig ist.

❹ Die Suppe mit der Crème fraîche mischen, mit Sambal Olek scharf abschmecken und erhitzen. Auf vorgewärmten Tellern verteilen. Die Brotwürfel darauf anrichten und mit den Kräutern bestreuen.

► **Pro Portion**
998/239 kJ/kcal • 9 g Eiweiß
14 g Fett • 17 g Kohlenhydrate
9 g Ballaststoffe • 36 mg Cholesterin

Junges Gemüse

Rosenkohl gibt es erst seit etwa 100 Jahren – damals zog man die ersten Pflanzen in der Nähe von Brüssel. Frühe Sorten werden ab September geerntet, späte kommen im November und Dezember nach dem ersten Frost auf den Markt. Wie Grünkohl ist Rosenkohl ein typisches Wintergemüse, denn nur richtig durchgefroren entwickelt er den feinsüßlichen Geschmack. Da er Kälte verträgt, reicht die Freilandernte bis weit in den März.

❷ Den Rotkohl putzen, waschen und fein hobeln. Die Zwiebel schälen und fein hacken. In einem großen Topf das Öl erhitzen und beides darin bei mittlerer Hitze unter Rühren anbraten. Mit Kümmel, Salz, Pfeffer und Crème fraîche vermischen und in eine Gratinform geben.

…as Kartoffelpüree in Häufchen …uf setzen. Den Käse reiben, mit …Semmelbröseln mischen und …as Gratin streuen. Die Butter in …kchen darauf verteilen.

…as Gratin in den kalten Back… (mittlere Schiene) schieben …bei 200 °C (Umluft 180 °C, …Stufe 3) etwa 45 Minuten …en, bis es schön gebräunt ist. …Knoblauchbrot und Feldsalat …eren.

Im Frühsommer gibt es Spitzkohl, eine Weißkohlsorte mit lockeren, spitz zulaufenden Köpfen. Der zarte Kohl eignet sich wunderbar für Gratins; ganz fein geschnitten müssen Sie ihn nicht einmal vorgaren. Und statt Kartoffelpüree legen Sie Tomatenscheiben oder frische Lorbeerblätter unter die Käsehaube.

1 EL Semmelbrösel
1 EL Butter oder Margarine

Zubereitungszeit 75 Minuten

❶ Die Kartoffeln schälen, waschen, würfeln und in der Milch sehr weich garen. Mit dem Kartoffelstampfer fein zerdrücken und das Püree mit Salz und einer kräftigen Prise Pfeffer abschmecken.

► Pro Portion
2255/539 kJ/kcal • 21 g Eiweiß
30 g Fett • 40 g Kohlenhydrate
9 g Ballaststoffe
51 mg Cholesterin

Spargel mit Gnocchi

Statt grünem Spargel können Sie auch wilden Spargel nehmen. Die zarten, biegsamen grünen Stangen muss man nicht schälen; sie schmecken angenehm herb und passen ausgezeichnet zu den süßen Zuckerschoten und den würzigen Frühlingszwiebeln.

Für 2 Portionen

250 g grüner Spargel
150 g Zuckerschoten
4 Frühlingszwiebeln
1 EL Butter
1 EL Olivenöl
200 g Crème fraîche
1 TL Zitronensaft
Salz, weißer Pfeffer
250 g frische Gnocchi (fertig gekauft oder selbst gemacht)
1 EL gehackte frische Kräuter

Zubereitungszeit 20 Minuten

❶ Den Spargel waschen. Die holzigen Enden abschneiden und die Stangen in etwa fingerbreite Stücke schneiden. Die Köpfe beiseite legen. Die Zuckerschoten waschen und putzen. Die Zwiebeln waschen und mit dem zarten Grün in fingerdicke Stücke schneiden.

❷ Butter und Öl in einer großen Pfanne erhitzen. Die Spargelstangen und Zwiebelstücke darin bei mittlerer Hitze unter Rühren schmoren, bis die Zwiebeln glasig sind.

❸ Zuckerschoten und Spargelköpfe zugeben und kurz mitschmoren. Die Crème fraîche unterrühren und bei starker Hitze etwas einkochen lassen. Mit Zitronensaft, Salz und Pfeffer abschmecken.

❹ Während das Gemüse gart, die Gnocchi in reichlich Salzwasser nach Packungsanweisung zubereiten, abgießen, abtropfen lassen und auf vorgewärmte Teller geben. Das Gemüse darauf anrichten und mit den Kräutern bestreut sofort servieren.

► **Pro Portion**
2636/630 kJ/kcal • 13 g Eiweiß
43 g Fett • 41 g Kohlenhydrate
7 g Ballaststoffe • 107 mg Cholesterin

Ein wunderbar leichtes Essen in den Frühlingsfarben Grün und Weiß: zartes Gemüse mit feinen Gnocchi in sahniger Sauce (Seite 65).

Spargel-Partner

Erst die neue vegetarische Küche hat uns von der langweiligen Verbindung Spargel – Schinken erlöst. Spargel schmeckt nämlich auf vielerlei Art:

- gekocht, in Sahnesauce mit breiten Nudeln und Kerbel
- gekocht, mit Butter beträufelt und mit geriebenem Parmesan bestreut
- gedünstet, mit heißem Reis, geriebenem Käse und ein paar Tomatenwürfeln vermischt
- gekocht und in heller Sauce mit Kräutern in Blätterteigpastetchen gefüllt
- gekocht mit einer Kräutervinaig rette zu Getreidefrikadellen
- gekocht und wie Pilze in Omeletts oder Eierkuchen gefüllt

Spargelsuppe

Für 4 Portionen

500 g grüner oder weißer Spargel
2 EL weiche Butter
1 EL Mehl
1 l Gemüsebrühe
100 g süße Sahne
je 1 Hand voll Petersilie- und Kerbelblättchen
Salz, Cayennepfeffer

Frischen Spargel aus Deutschland gibt es von Mitte April bis Ende Juni. Griechischer Spargel ist von März bis Mai erhältlich.

Zubereitungszeit 20 Minuten

❶ Spargel waschen, weißen Spargel schälen. Die holzigen Enden abschneiden und die Stangen in etwa fingerbreite Stücke schneiden. Die Butter mit dem Mehl verkneten.

❷ Die Brühe zum Kochen bringen. Den Spargel zugeben, aufkochen und zugedeckt bei schwacher Hitze 10 Minuten garen.

❸ Die Mehlbutter unterrühren, die Suppe erneut aufkochen und weitere 5 Minuten zugedeckt garen, bis der Spargel gerade eben bissfest ist. Die Sahne unterrühren.

❹ Die Kräuter waschen, trockentupfen und fein hacken. Die Suppe mit Salz und Cayennepfeffer abschmecken und mit den Kräutern bestreut servieren.

TIP

Die Suppe schmeckt pur und mit Butterklößchen, Käseklößchen oder gerösteten Brotwürfeln.

► **Pro Portion**

739/177 kJ/kcal • 4 g Eiweiß
16 g Fett • 6 g Kohlenhydrate
3 g Ballaststoffe • 45 mg Cholesterin

Spargelpudding

Für 4 Portionen

600 g Bruchspargel
1 Bund Petersilie
100 g weiche Butter
Salz, weißer Pfeffer
5 Eier
1/8 l Milch
100 feines Mehl
Fett und Semmelbrösel für die Form

Zubereitungszeit 135 Minuten

❶ Den Spargel waschen, mit dem Sparschäler schälen und in dünne Scheiben schneiden. Die Petersilienblättchen waschen, trockenschwenken, von den Stielen zupfen und fein hacken.

❷ Butter, Salz und Pfeffer in einer Schüssel mit den Quirlen des Handrührgeräts schaumig rühren. Die Eier trennen. Die Eigelbe nacheinander unter die Butter rühren. Milch, Spargel und Petersilie untermischen.

Die Eiweiße steif schlagen und auf den Teig geben. Das Mehl darüber streuen und alles gut vermischen.

❸ Eine verschließbare Puddingform von etwa 1 1/2 l Inhalt gut fetten und mit Semmelbröseln ausstreuen. Den Teig einfüllen und die Form schließen.

❹ In einem Topf so viel Wasser zum Kochen bringen, dass die Puddingform zu etwa zwei Dritteln darin steht. Den Topf schließen und den Pudding bei schwacher Hitze etwa 75 Minuten garen. Für die Garprobe ein Holzstäbchen in den Pudding stechen. Wenn keine feuchten Teigreste mehr daran haften, ist er gar.

❺ Die Form herausnehmen und den Pudding 10 Minuten darin ruhen lassen. Den Deckel abnehmen und den oberen Rand des Puddings mit einer Messerspitze ablösen. Ein nasses Küchentuch einige Sekunden um die Form wickeln und den Pudding auf eine Platte stürzen.

► **Pro Portion**

1892/453 kJ/kcal • 17 g Eiweiß
31 g Fett • 21 g Kohlenhydrate
5 g Ballaststoffe • 364 mg Cholesterin

Qualität erkennen

- Frische Spargelstangen knirschen, wenn man sie leicht aneinander reibt
- Frisch sind sie auch, wenn die Schnittflächen feucht sind und beim Zusammendrücken Wasser austritt
- Wenn sich aus den Schuppen am Spargelkopf Wasser drücken lässt, sind die Stangen gewässert worden, um sie länger haltbar zu machen. Das reduziert Aroma und Inhaltsstoffe
- Dünne Stangen können auf alte Spargelpflanzen hinweisen. Nach etwa 10 Jahren bringt eine Pflanze keinen Ertrag mehr
- Zu spät gestochene Stangen haben offene Köpfe

Bruchspargel besteht vor allem aus Spargelspitzen und ist für diesen feinen Pudding aus dem Wasserbad genau das Richtige: So zarte Spitzen brauchen Sie nicht vorzugaren, denn sie werden in der Eiercreme weich.

Spinatklößchen

TIP

Damit die Klößchen gut zusammenhalten, dürfen sie nur ganz kurz aufkochen und höchstens 5 Minuten ziehen.

Für 4 Portionen

1 kg Spinat
200 g Toastbrotscheiben
1/8 l Milch
1 Bund Petersilie
1 Knoblauchzehe
200 g Parmesan
2 Eier
Salz, weißer Pfeffer
geriebene Muskatnuss
etwa 50 g Semmelbrösel
50 g Butter

Zubereitungszeit 45 Minuten

❶ Den Spinat verlesen, waschen und portionsweise in reichlich sprudelnd kochendem Wasser einige Sekunden blanchieren. Auf einem Sieb kalt abschrecken, abtropfen lassen, mit den Händen gut ausdrücken und grob hacken.

❷ Das Brot entrinden und die Scheiben halbieren. Die Milch lauwarm erhitzen und über das Brot gießen. Die Petersilie waschen, trockenschwenken und fein zerkleinern. Den Knoblauch schälen und fein hacken. 150 g Parmesan fein reiben, den Rest grob raspeln.

Zu den würzigen Spinatklößchen mit frischem Parmesan und brauner Butter passt knuspriges Baguette (Seite 69).

❸ Brot, Petersilie, Knoblauch und geriebenen Parmesan mit Spinat und Eiern mischen und mit Salz, Pfeffer und Muskat würzen. So viel Brösel zugeben, dass sich der Teig mit nassen Händen formen lässt.

❹ Den Teig zu walnussgroßen Klößchen formen und in reichlich kochendem Salzwasser einmal kurz aufkochen. Die Klößchen offen bei schwacher Hitze in 5 Minuten gar ziehen lassen.

❺ Die Butter leicht bräunen. Die Klößchen auf vorgewärmte Teller geben. Mit der Butter übergießen und mit dem geraspelten Käse bestreuen.

► Pro Portion

2427/581 kJ/kcal • 36 g Eiweiß
29 g Fett • 38 g Kohlenhydrate
9 g Ballaststoffe • 180 mg Cholesterin

Frisch vom Beet

Frischer Spinat kommt fast das ganze Jahr über aus dem Freiland; Treibhausspinat gilt als besonders nitrathaltig und wird kaum angebaut. Aus deutscher Ernte gibt es kräftigen Winterspinat von September bis Ende November, Frühjahrsspinat mit zarteren Blättern von März bis Mai. Danach ist Sommerspinat mit ganz feinen Blättern auf dem Markt. Auch Tiefkühlspinat stammt nur aus dem Freiland.

Spinat in Kokoscreme

Für 4 Portionen

- 1,2 kg frischer Spinat
- 2 Knoblauchzehen
- 1 unbehandelte Zitrone
- 400 g Kokosmilch aus der Dose
- Salz, Cayennepfeffer
- 1 TL gemahlener Koriander

Zubereitungszeit 45 Minuten

Zum Spinat in Kokoscreme schmeckt Reis oder Hirse. Spinat-Börek isst man mit Kräuter-Knoblauchjoghurt warm oder kalt als Vorspeise.

❶ Den Spinat gründlich verlesen, waschen und in reichlich sprudelnd kochendem Wasser einige Sekunden blanchieren. Auf einem Sieb kalt abschrecken, abtropfen lassen, gut ausdrücken und grob hacken.

❷ Den Knoblauch schälen und hacken. Ein großes Stück Zitronenschale dünn abschneiden und in feine Streifen schneiden. Den Zitronensaft auspressen.

❸ Knoblauch, Zitronenschale und -saft mit der Kokosmilch in einen Topf geben. Die Mischung bei starker bis mittlerer Hitze unter Rühren cremig einkochen lassen. Den Spinat untermischen und erhitzen. Mit Salz, einer kräftigen Prise Cayennepfeffer und Koriander abschmecken und sofort servieren.

► **Pro Portion**

340/81 kJ/kcal • 9 g Eiweiß
1 g Fett • 7 g Kohlenhydrate
6 g Ballaststoffe • 0 mg Cholesterin

Börek mit Spinat

Für 24 Stück

- 400 g frischer Spinat
- 100 g Schafskäse (Feta)
- frisch gemahlener schwarzer Pfeffer
- 1 Ei
- 24 Yufka-Blätter (dreieckig vorgeschnitten)
- 200 ml Öl zum Braten

Zubereitungszeit 50 Minuten

❶ Den Spinat gründlich verlesen und waschen. In einem Topf reichlich Wasser zum Kochen bringen. Die Spinatblätter im sprudelnd kochenden Wasser einige Sekunden blanchieren. Auf einem Sieb kalt abschrecken, abtropfen lassen, gut ausdrücken und grob hacken.

❷ Den Käse zerbröckeln, mit dem Spinat mischen und mit Pfeffer würzen. Das Ei mit einer Gabel verquirlen.

❸ Die Yufka-Blätter am oberen, breiten Rand gleichmäßig mit der Füllung belegen und zur Spitze hin wie eine Zigarre aufrollen. Den Teigrand jeweils mit etwas Ei bestreichen und fest drücken.

❹ Das Öl in einer großen Pfanne erhitzen und die Börek darin portionsweise in etwa 3 Minuten goldbraun backen. Auf Küchenpapier abtropfen lassen.

► **Pro Portion**
197/47 kJ/kcal • 2 g Eiweiß
1 g Fett • 7 g Kohlenhydrate
0 g Ballaststoffe • 13 mg Cholesterin

TIP

Die Yufka-Blätter für die Spinat-Börek bekommen Sie in türkischen Lebensmittelgeschäften.

Tomatentaschen

Für 4 Portionen

4 Scheiben tiefgefrorener Blätterteig (bereits ausgerollt; ca. 120 g)
4 Flaschentomaten
Salz, Pfeffer
3 Stängel Basilikum
100 g Pizzakäse
1 Ei
1 EL süße Sahne

Zubereitungszeit 30 Minuten

❶ Die Blätterteigplatten auftauen lassen und halbieren. Den Backofen auf 200 °C (Umluft 180 °C, Gas Stufe 3) vorheizen.

❷ Die Tomaten abziehen und halbieren. Auf jedes Teigstück eine Tomatenhälfte legen, mit Salz und Pfeffer bestreuen, mit Basilikumblättchen belegen und mit Käse bestreuen.

❸ Das Ei trennen. Die Teigstücke rundherum mit Eiweiß bestreichen, zusammenklappen und die Ränder mit den Zinken einer Gabel gut festdrücken. Auf ein kalt abgespültes Backblech legen.

❹ Das Eigelb mit der Sahne verrühren und die Täschchen damit bestreichen. Im Ofen etwa 20 Minuten goldgelb backen.

► **Pro Portion**
1268/303 kJ/kcal • 10 g Eiweiß
21 g Fett • 14 g Kohlenhydrate
2 g Ballaststoffe
113 mg Cholesterin

Tomatenpfannkuchen mit Mozzarella

Alles, was an Tomaten grün ist, enthält giftiges Solanin, das Kopfschmerzen, Übelkeit und Magenbeschwerden verursachen kann. Deshalb sollte man Tomatenblätter nicht wie andere Gemüseblätter gehackt über Salate oder andere Gerichte streuen.

Für 4 Portionen

Teig:

- 100 g Mehl
- 100 g (Kamut-)Weizengrieß
- Salz
- 300 ml Milch
- 3 Eier

Belag:

- 500 g Löwenzahnblätter
- 50 g Pinienkerne
- 1 kleine Zwiebel
- 1 EL Butter oder Pflanzenmargarine
- Salz, weißer Pfeffer
- geriebene Muskatnuss
- 4 mittelgroße Tomaten
- 200 g Mozzarella
- Pergamentpapier
- Öl zum Bestreichen
- 4 EL Öl zum Braten

Zubereitungszeit 45 Minuten

❶ Mehl, Grieß und Salz in einer Schüssel mischen. Zuerst die Milch, dann nacheinander die Eier unterrühren und den Teig zugedeckt 15 Minuten ruhen lassen.

Nicht nur köstlich, sondern auch gesund: Löwenzahnblätter mit ihrem kräftigen Geschmack fördern den gesamten Stoffwechsel (Seite 73).

❷ Den Löwenzahn verlesen, waschen und in reichlich kochendem Wasser etwa 1 Minute blanchieren. Abgießen, abtropfen lassen und grob zerkleinern. Die Pinienkerne in einer Pfanne ohne Fettzugabe bei schwacher Hitze goldgelb rösten.

❸ Die Zwiebel schälen, fein hacken und in einer großen Pfanne im heißen Fett bei schwacher Hitze glasig dünsten. Löwenzahn und Pinienkerne zugeben, mit Salz, Pfeffer und Muskat würzen und von der Kochstelle nehmen.

❹ Die Tomaten abziehen. Tomaten und Mozzarella in Scheiben schneiden. Den Backofengrill auf höchster Schaltstufe oder den Backofen auf 250 °C (Umluft 220 °C, Gas Stufe 5) vorheizen. Zwei Backbleche mit geöltem Pergamentpapier auslegen.

❺ In einer kleinen, beschichteten Pfanne jeweils etwas Öl erhitzen. Nacheinander 8 dünne Pfannkuchen backen und auf die Bleche legen. Jeden Pfannkuchen mit Löwenzahn, Tomaten und Mozzarella belegen.

❻ Das erste Blech in den heißen Ofen schieben und die Pfannkuchen 1 bis 2 Minuten grillen oder 7 bis 10 Minuten backen, bis der Käse zerläuft und leicht bräunt. Herausnehmen und servieren, während die Pfannkuchen auf dem zweiten Blech gratinieren.

► **Pro Portion**

3108/743 kJ/kcal • 31 g Eiweiß
40 g Fett • 53 g Kohlenhydrate
11 g Ballaststoffe • 221 mg Cholesterin

Tomatentatar

Rindertatar ist »out«. Versuchen Sie mal dieses vegetarische Tatar mit würzigen Kräutern, vollreifen Tomaten und feinem Käse. Italienisches Weißbrot oder französisches Baguette schmecken gut dazu. Mit Pellkartoffeln oder Folienkartoffeln und Salat ist das Tatar ein Hauptgericht.

Für 4 Portionen

- 500 g Fleisch- oder Flaschentomaten
- 1 kleine Zwiebel
- 1 Knoblauchzehe
- 50 g Pinienkerne
- 1 Bund Basilikum
- 1 Bund Schnittlauch
- 50 g Kapern
- Salz, Cayennepfeffer
- 1 TL Balsamessig
- 2 EL Olivenöl
- 50 g Parmesan oder Pecorino

Zubereitungszeit 20 Minuten

❶ Die Tomaten waschen, abtrocknen und sehr fein würfeln. Die Zwiebel und die Knoblauchzehe schälen und sehr fein hacken. Die Pinienkerne ebenfalls fein hacken. Das Basilikum und den Schnittlauch waschen, trockentupfen und sehr fein zerkleinern.

❷ Alles in einer Schüssel mit den Kapern, Salz, Pfeffer, Essig und Öl locker vermischen und auf einer Platte anrichten. Den Käse grob raspeln und darüber streuen.

► Pro Portion
1079/258 kJ/kcal • 10 g Eiweiß
17 g Fett • 14 g Kohlenhydrate
4 g Ballaststoffe
7 mg Cholesterin

Qualität erkennen

- Der »grüne Kragen« um den Stiel kann auf Freilandanbau hinweisen, denn Unterglas-Tomaten sind gewöhnlich Sorten, die ganz gleichmäßig reifen.
- Stieltomaten stammen nicht unbedingt aus dem Freiland. Sie werden nur deshalb so angeboten, weil sich im Stiel der Tomatenduft konzentriert und die Tomate länger hält.
- Tomaten, die Sie ohne Überbrühen leicht abziehen können, sind schön reif.
- Aromatischen Duft beim Aufschneiden entwickeln reif geerntete, frische Tomaten.
- Schimmel am Stielansatz oder weiche, glasige Stellen bilden sich auf grün gepflückten und/oder zu kalt gelagerten Tomaten.
- Ohne Duft und Aroma sind: Tomaten, die noch grün gepflückt und lange gelagert wurden; Sorten, die wegen hohen Ertrags und leichten Transports, nicht wegen guten Geschmacks gezüchtet wurden; Tomaten, die bei schlechten Lichtverhältnissen unter Glas oder Folie wachsen; Tomaten, die zu stark oder einseitig gedüngt wurden.

Tomatensuppe

Für 4 Portionen

1 Zwiebel, 2 Knoblauchzehen
2 EL Öl
2 Packungen Tomatenstücke
1 EL Gemüsebrüheextrakt
100 g Crème fraîche
Salz, Pfeffer
1/2 Päckchen tiefgefrorene Kräuter

Zubereitungszeit 15 Minuten

❶ Zwiebel und Knoblauch abziehen, zerkleinern und im heißen Öl anbraten. Tomaten und Brühe zugeben und zugedeckt 5 Minuten kochen. Crème fraîche untermischen, mit Salz und Pfeffer würzen und mit den Kräutern bestreuen.

► Pro Portion

661/158 kJ/kcal • 2 g Eiweiß
13 g Fett • 7 g Kohlenhydrate
4 g Ballaststoffe • 7 mg Cholesterin

Tomaten aus der Dose oder Packung sind immer reif geerntet worden und deshalb sehr aromatisch. Pizzatomaten, Tomatenstücke und Tomatenmark stammen ebenfalls nur von reifen, roten Früchten.

Tomaten

❶ Schnittfeste Fleischtomaten nimmt man für Salat, als Brotbelag, zum Füllen und für Saucen.

❷ Feste, runde Tomaten nimmt man zum Rohessen oder Füllen, sehr reife Früchte für Suppen.

❸ Flaschen- oder Eiertomaten eignen sich für Quiche, Gemüse und dicke Nudelsaucen.

❹ Cocktail-, Cherry- oder Kirschtomaten isst man roh; in Butter oder Öl geschmort als Gemüse.

❺ Gelbe Tomaten gehören zu den Rundtomaten mit viel Saft und schmecken roh.

❻ Getrocknete Tomaten isst man kalt zu Brot, heiß in Saucen, auf Pizza oder Quiche.

Pellkartoffeln mit Gemüse

Kartoffeln aus alternativem Anbau enthalten weniger Nitrat und keine Keimhemmer auf der Schale. Sie bekommen diese Biokartoffeln in Naturkostläden oder direkt beim Bauern.

Für 4 Portionen
750 g Kartoffeln
1 kleiner Blumenkohl
1 kleine Zwiebel
1 Knoblauchzehe
1 EL Öl
1 gestrichener EL Mehl
3/8 l Gemüsebrühe (Instant)
300 g Tomaten
2 Essiggurken
3 EL Kapern
100 g Crème fraîche
Salz, weißer Pfeffer
50 g weicher Schafskäse (Feta)

Zubereitungszeit 40 Minuten

❶ Die Kartoffeln waschen und in wenig Wasser zugedeckt bei schwacher Hitze weich garen. Den Blumenkohl putzen, waschen und in Röschen teilen, den Strunk würfeln. Die Zwiebel und den Knoblauch schälen und beides fein zerkleinern.

❷ Das Öl erhitzen, Zwiebel und Knoblauch darin bei schwacher Hitze glasig dünsten. Den Blumenkohl zugeben und bei mittlerer Hitze unter ständigem Wenden anbraten. Das Mehl darüber streuen und unter Rühren kurz mitrösten. Die Brühe langsam dazu gießen, unter Rühren aufkochen und den Blumenkohl zugedeckt bei schwacher Hitze etwa 10 Minuten garen.

Neue Pellkartoffeln mit knackigem Blumenkohl, saftigen Tomaten und einer cremigen Sauce sind stets aufs Neue unwiderstehlich (Seite 77).

❸ Die Tomaten abziehen und würfeln, die Essiggurken hacken und beides mit den Kapern und der Crème fraîche unter den Blumenkohl mischen. Alles unter Rühren erneut aufkochen und mit Salz und Pfeffer würzen.

❹ Die Kartoffeln abgießen, ungeschält auf heiße Teller verteilen und halbieren. Das Gemüse daneben anrichten. Den Käse zerkrümeln und darüber streuen.

► **Pro Portion**
1697/406 kJ/kcal • 12 g Eiweiß
16 g Fett • 48 g Kohlenhydrate
11 g Ballaststoffe • 15 mg Cholesterin

Viele Kohlenhydrate

Greifen Sie zu, wenn es Kartoffeln gibt: Etwa 60 Prozent unseres täglichen Essens sollten Kohlenhydrate sein, und bei durchschnittlich 2000 Kalorien pro Tag sind das immerhin 1200 Kalorien allein für Kartoffeln, Brot, Gemüse, Nudeln, Getreide, Hülsenfrüchte, Obst und Salat. Außerdem liefern Kartoffeln viel Eiweiß, Vitamine und Mineralstoffe.

Pellkartoffeln mit Tomatenquark

Neue Kartoffeln kommen Anfang Februar auf den Markt. Sie sind vorwiegend festkochend und eignen sich nur für Pellkartoffeln, zum Schmoren oder Braten. Für Puffer, Klöße oder Püree sind sie zu feucht.

Für 2 Portionen

- 500 g neue Kartoffeln
- 3 kleine Tomaten
- 1 Bund Schnittlauch
- 250 g Magerquark
- 50 g süße Sahne
- Salz, Cayennepfeffer
- 1 Prise Zucker

Zubereitungszeit 30 Minuten

❶ Die Kartoffeln waschen, in wenig Wasser weich garen, abgießen und auf vorgewärmten Tellern anrichten.

❷ Inzwischen die Tomaten und den Schnittlauch waschen und trocknen. Die Tomaten würfeln, den Schnittlauch in feine Röllchen schneiden und beides mit Quark und Sahne vermischen. Den Quark mit Salz, Cayennepfeffer und Zucker würzen und zu den Kartoffeln servieren.

► **Pro Portion**
1796/430 kJ/kcal
25 g Eiweiß
8 g Fett
55 g Kohlenhydrate
10 g Ballaststoffe
28 mg Cholesterin

Kartoffelcurry

Für 4 Portionen

- 1 kg kleine, neue Kartoffeln
- 1 große Zwiebel
- 2 Knoblauchzehen
- 2 EL Butterschmalz oder Erdnussöl
- 1 TL gemahlener Kreuzkümmel
- 1 TL gemahlener Koriander
- 1 TL Kurkumapulver
- 1/4 TL Chilipulver
- Salz
- 200 g griechischer Sahnejoghurt
- 1 große Tomate

Zubereitungszeit 40 Minuten

❶ Die Kartoffeln gründlich waschen. Zwiebel und Knoblauch abziehen und fein zerkleinern.

❷ Das Fett in einem Topf erhitzen und Zwiebel und Knoblauch darin glasig braten. Die Gewürze, Salz, Kartoffeln und Joghurt zugeben und mischen. Langsam zum Kochen bringen und zugedeckt bei schwacher Hitze 15 Minuten garen.

❸ Die Tomate abziehen, würfeln und untermischen. Das Curry noch 10 bis 15 Minuten garen, bis die Kartoffeln weich sind.

► **Pro Portion**
1432/343 kJ/kcal • 8 g Eiweiß
11 g Fett • 49 g Kohlenhydrate
8 g Ballaststoffe • 33 mg Cholesterin

Kartoffelsuppe

Für 4 Portionen

2 große mehlige Kartoffeln
2 kleine Bund Suppengrün
1 EL Butterschmalz
1 l Gemüsebrühe (Instant)
2 EL Crème fraîche

Zubereitungszeit 30 Minuten

❶ Die Kartoffeln schälen, waschen und würfeln. Das Suppengrün waschen und fein zerkleinern. Das Fett erhitzen und Kartoffeln und Suppengrün darin anbraten. Mit der Brühe aufgießen und zugedeckt in etwa 10 Minuten weich garen. Die Kartoffeln zerdrücken, die Crème fraîche unterrühren und die Suppe kurz erhitzen.

► **Pro Portion**

759/182 kJ/kcal • 3 g Eiweiß
8 g Fett • 22 g Kohlenhydrate
3 g Ballaststoffe • 13 mg Cholesterin

Varianten

• Die Kartoffeln mit Zucchini, Knollensellerie, Blumenkohl oder Kürbis garen
• die Suppe süßscharf mit Apfelwürfeln und Harissa oder Sambal Olek zubereiten
• 1/2 Packung Tiefkühlerbsen und Möhren statt des Suppengemüses mitkochen
• die Suppe mit gehackten Kräutern oder Tomatenwürfeln anrichten

Die richtige Wahl

❶ Fest kochende Sorten springen beim Kochen nicht auf, bleiben fest und ziemlich feucht.

❷ Man nimmt sie für Salat und Bratkartoffeln, auch für Pellkartoffeln und Gratin.

❸ Vorwiegend fest kochende Sorten springen beim Kochen wenig auf, werden kaum feucht.

❹ Man nimmt sie für Pellkartoffeln, Pommes frites und Gratins.

❺ Mehlig kochende Sorten springen beim Kochen stark auf.

❻ Man nimmt sie für Teig (Klöße, Gnocchi, Nudeln) Suppen und Püree.

Tortillas mit Kartoffeln

Scharfe oder milde mexikanische Sauce (Salsa) gibt es in Naturkostläden und Supermärkten. Eine Alternative sind pürierte Tomaten mit etwas Ketchup, fein gehackten Zwiebeln, zerdrücktem Knoblauch und Chilipulver. Frische Tortillas bekommen Sie in Läden für mexikanische und lateinamerikanische Lebensmittel, in manchen Asienläden und Feinkostgeschäften.

Für 4 Portionen

- 15 weiche mexikanische Tortillas
- 300 g mehlig kochende Kartoffeln
- 2 mittelgroße rote Paprikaschoten
- 1 Zwiebel
- 2 Knoblauchzehen
- 1 Bund Petersilie
- 250 g Edamer
- 4 EL Öl
- 2 EL Salsa Mexicana (fertig gekauft)
- Salz
- Pfeffer

Zubereitungszeit 75 Minuten

❶ Die Kartoffeln waschen, in einem Topf in wenig Wasser mit der Schale weich kochen, schälen und mit einer Gabel fein zerdrücken.

❷ Die Paprikaschoten putzen, waschen und in kleine Stücke schneiden. Die Zwiebel und den Knoblauch schälen und fein zerkleinern. Die Petersilie waschen, trockenschwenken und fein hacken. Den Käse fein reiben.

❸ In einer Pfanne 1 Esslöffel Öl erhitzen. Paprikaschoten, Zwiebel, Knoblauch und die Hälfte der Petersilie darin etwa 5 Minuten bei schwacher Hitze dünsten und lauwarm abkühlen lassen. Den Backofen auf 220 °C (Umluft 200 °C, Gas Stufe 4) vorheizen.

Die mit Gemüse und Käse gefüllten und je nach Geschmack scharf oder mild gewürzten Tortillas werden im Ofen überbacken (Seite 81).

❹ Paprikaschoten, Kartoffeln, 4 Esslöffel Käse und Salsa mischen. Mit Salz und Pfeffer würzen.

❺ Etwas Öl in einer beschichteten Pfanne erhitzen. Die Tortillas darin nacheinander zugedeckt etwa 2 Minuten heiß werden lassen, damit sie beim Füllen nicht brechen. Die Tortillas mit der Füllung belegen, zusammenklappen und dachziegelartig mit der Öffnung nach oben in eine Gratinform geben. Mit dem restlichen Käse bestreuen und etwa 12 Minuten überbacken. Mit der restlichen Petersilie bestreut servieren.

► **Pro Portion**

2208/528 kJ/kcal • 25 g Eiweiß
21 g Fett • 52 g Kohlenhydrate
13 g Ballaststoffe • 23 mg Cholesterin

Fest oder mehlig?

So stellen Sie den Kochtyp von Kartoffeln fest: Die rohe Kartoffel halbieren und an den Schnittflächen aneinander reiben. Kleben die Schnittflächen zusammen, ist es eine mehlige Kartoffel, die viel Stärke enthält. Tropft dagegen Wasser ab, ist es eine fest kochende Kartoffel mit wenig Stärke, die sich besser für Bratkartoffeln und Salat eignet.

Gefüllte Kartoffelnudeln

Für 6 Portionen

- 800 g mehlig kochende Kartoffeln
- 1 dünne Stange Porree
- 1 großes Bund Petersilie
- 1 große Karotte
- 1 EL Butterschmalz
- Salz
- 1 TL Zitronensaft
- 100 g Mehl
- 1 Ei
- Mehl zum Ausrollen
- 200 g saure Sahne
- 1/4 l warme Milch

Zubereitungszeit 120 Minuten

TIP

Kartoffeln nicht mit dem Pürierstab oder im Mixer pürieren, da das Püree sonst zäh und gummiartig wird.

❶ Die Kartoffeln in der Schale weich kochen, schälen, ganz fein zerdrücken und abkühlen lassen.

❷ Den Porree putzen, waschen und mit allen saftigen grünen Blättern fein zerkleinern. Die Petersilie waschen und hacken. Die Karotte schälen und raspeln.

❸ Das Butterschmalz in einer Pfanne erhitzen. Den Porree darin unter Rühren bei mittlerer bis schwacher Hitze glasig braten. Die Pfanne von der Kochstelle nehmen und Petersilie und Karotte untermischen. Die Gemüsemischung mit Salz und Zitronensaft würzen und abkühlen lassen.

❹ Die zerdrückten Kartoffeln mit Salz, Mehl und Ei verkneten. Ein Küchentuch mit Mehl bestäuben. Den Teig zu einer Rolle formen und in 12 Stücke schneiden. Jedes Stück auf dem Tuch messerrückendick ausrollen, mit saurer Sahne bestreichen und mit der Gemüsemischung belegen. Die Stücke einmal zusammenklappen und dachziegelartig in eine Gratinform legen. Die Milch an den Seiten dazu gießen.

❺ Die Kartoffelnudeln in den Backofen (mittlere Schiene) schieben und bei 200 °C (Umluft 180 °C, Gas Stufe 3) etwa 40 Minuten backen, bis sie schön gebräunt sind.

► **Pro Portion**
1440/344 kJ/kcal • 9 g Eiweiß
16 g Fett • 38 g Kohlenhydrate
6 g Ballaststoffe • 62 mg Cholesterin

Kartoffelpfannkuchen

Für 2 Portionen

- 250 g kalte Pellkartoffeln
- 2 EL Mehl (ca. 25 g)
- 1/4 l Milch
- Salz
- geriebene Muskatnuss
- 4 Eier
- 1 Zwiebel
- 1 EL Butterschmalz oder 2 EL Öl

Zubereitungszeit 30 Minuten

❶ Die Kartoffeln schälen und fein reiben. Das Mehl mit Milch, Salz, Muskat und Eiern verrühren. Die Kartoffeln untermischen. Die Zwiebel abziehen und fein zerkleinern.

❷ Die Hälfte des Fetts in einer beschichteten Pfanne erhitzen und die Hälfte der Zwiebel darin bei schwacher Hitze glasig dünsten. Die halbe Menge Teig zugeben und zugedeckt bei schwacher Hitze etwa 10 Minuten backen, bis der Kuchen sich leicht vom Pfannenboden löst.

❸ Den Pfannkuchen wenden und offen auf der zweiten Seite weitere 5 bis 7 Minuten backen. Herausnehmen und bei 50 °C im Backofen warm halten. Aus den restlichen Zutaten einen zweiten Pfannkuchen backen.

► **Pro Portion**

1268/303 kJ/kcal • 17 g Eiweiß
12 g Fett • 27 g Kohlenhydrate
4 g Ballaststoffe • 330 mg Cholesterin

Mit geschmorten Pilzen und/oder gemischtem Salat in Knoblauch-Kräuter-Vinaigrette schmecken die Pfannkuchen auch denjenigen, die vegetarisches Essen noch als Gesundheitskost belächeln. Kinder mögen sie ohne Zwiebel lieber und essen sie mit Apfel- oder Pflaumenkompott.

Kartoffelteig zubereiten

❶ Die heißen Kartoffeln mit Stampfer oder Gabel fein zerdrücken und abkühlen lassen.

❷ Falls der Teig zu weich ist und klebt, teelöffelweise etwas Mehl untermischen.

❸ Den Kartoffelteig sofort weiterverarbeiten, sonst wird er feucht und lässt sich nicht formen.

Süßkartoffeln mit Gemüse

Sie bekommen Süßkartoffeln inzwischen bei vielen Gemüsehändlern. Man kann sie wie Kartoffeln braten, schmoren, frittieren, kochen und im Ofen backen.

Für 4 Portionen

- 1 unbehandelte Zitrone
- 1/8 l Olivenöl
- 2 Fleischtomaten
- 500 g Süßkartoffeln
- 500 g schlanke Zucchini
- 1 Fenchelknolle
- 1 kleine Aubergine
- 2 rote Paprikaschoten
- 1 Bund Lauchzwiebeln
- 8 große Champignons
- Salz, schwarzer Pfeffer
- 1 Bund Basilikum

Zubereitungszeit 60 Minuten

❶ Den Backofen auf 250 °C (Umluft 230 °C, Gas Stufe 5) vorheizen. Ein großes Stück Zitronenschale dünn abschneiden. Den Saft auspressen und mit dem Öl mischen.

❷ Die Tomaten abziehen und halbieren. Kartoffeln, Zucchini, Fenchel, Aubergine, Paprikaschoten, Lauchzwiebeln und Pilze waschen. Die Kartoffeln und Zucchini in etwa 7 cm lange Stücke schneiden. Den Fenchel vierteln, die Aubergine in vier Scheiben schneiden. Die Paprikaschoten vierteln, dabei die Trennwände und Kerne entfernen. Lauchzwiebeln und Pilze nicht zerkleinern.

Zu diesem Sommeressen passen Fladenbrot und Fetakäse (Seite 85).

❸ Tomaten, Zitronenschale, Kartoffeln, Gemüse und Pilze in der Fettpfanne des Backofens verteilen, mit Salz und Pfeffer würzen und mit dem Zitronenöl begießen.
In den Ofen (mittlere Schiene) schieben und alles in etwa 20 Minuten weich backen. Dabei einmal wenden und mit der Flüssigkeit in der Fettpfanne beschöpfen. Mit dem gehackten Basilikum bestreuen.

► **Pro Portion**
2292/548 kJ/kcal • 10 g Eiweiß
33 g Fett • 46 g Kohlenhydrate
18 g Ballaststoffe • 0 mg Cholesterin

Süßkartoffeln

Die Heimat und der Name sind dieselben, die Pflanzen nicht: Auch Süßkartoffeln stammen aus der Neuen Welt. Sie gehören jedoch zur Familie der Winden, deren Verwandte auch bei uns wachsen: Acker- und Zaunwinden mit weißen oder rosa Kelchen gelten als Unkraut. Süßkartoffeln mit rosa Schale und rötlichem oder gelbem Fleisch schmecken besser als Knollen mit brauner Schale und weißem Fleisch. Darüber hinaus enthalten die »Roten« mehr wertvolles Karotin.

Nudeln, Reis und Getreide

Nudeln mit Gemüse und Kräutern

Für 4 Portionen
200 g grüne Bohnen
5 Lauchzwiebeln
1 kleiner Kohlrabi
2 kleine Karotten
1 kleine rote Paprikaschote
3 mittelgroße Tomaten
2 Knoblauchzehen
1/2 Bund Thymian
3 EL Olivenöl
1/8 l Gemüsebrühe
200 g Crème fraîche
Salz, Pfeffer
500 g breite Nudeln
150 g Parmesan
1 großes Bund Basilikum
1 EL Butter

Zubereitungszeit 45 Minuten

❶ Bohnen und Lauchzwiebeln putzen, waschen und in knapp fingerbreite Stücke schneiden. Die Kohlrabiblätter abschneiden, waschen und in feine Streifen schneiden. Die Knollen und die Karotten schälen. Die Paprikaschote waschen, putzen und von den Kernen und Trennwänden befreien. Alle drei Gemüse klein würfeln. Die Tomaten abziehen und achteln, die Knoblauchzehen schälen und ganz fein hacken. Den Thymian waschen, trockentupfen und die Blättchen abstreifen.

❷ Das Öl in einer großen Pfanne erhitzen und Lauchzwiebeln und Knoblauch darin bei schwacher Hitze glasig dünsten. Bohnen, Kohlrabi, Karotten, Paprikaschote und Kohlrabi- und Thymianblättchen zugeben und bei mittlerer bis schwacher Hitze unter Rühren etwa 2 Minuten schmoren.

❸ Tomaten, Brühe, Crème fraîche, Salz und eine kräftige Prise Pfeffer zufügen. Das Gemüse einmal kräftig aufkochen und zugedeckt bei schwacher Hitze in 5 bis 10 Minuten gerade eben bissfest garen, dabei einige Male umrühren.

❹ Inzwischen die Nudeln in reichlich Salzwasser bissfest garen. Den Käse fein reiben. Das Basilikum waschen, die Blättchen abzupfen und fein hacken.

❺ Die Nudeln abgießen, abtropfen lassen und in einer großen, vorgewärmtem Schüssel mit der Butter, dem Gemüse, etwa einem Drittel der Käsemenge und etwa der Hälfte des Basilikums vermischen. Mit dem restlichen Basilikum bestreuen. Den restlichen Käse extra dazu reichen.

► **Pro Portion**
3947/944 kJ/kcal • 35 g Eiweiß
38 g Fett • 105 g Kohlenhydrate
11 g Ballaststoffe • 135 mg Cholesterin

Frisch gekochte Nudeln werden mit fast jedem gedünsteten Gemüse, einem Schuss Sahne und geriebenem Käse zum feinen vegetarischen Hauptgericht.

Für ein vegetarisches Hauptgericht brauchen Sie pro Person zwischen 100 und 150 g trockene Nudeln oder 300 g frische Teigwaren – je nach der Menge von Käse, Öl und/oder Sahne, mit der die Nudeln gemischt werden.

Scharfe Nudeln mit Tomaten

Für 4 Portionen

2 Knoblauchzehen
1 Glas getrocknete Tomatenstücke in Öl (ca. 250 g)
500 g dünne Spaghetti, Linguine oder Fedellini
Salz
1 TL Harissa

Zubereitungszeit 20 Minuten

❶ Den Knoblauch schälen und fein hacken. Die Tomatenstücke aus dem Öl nehmen und grob zerkleinern. Mit dem Öl und dem Knoblauch in einer Pfanne bei mittlerer bis schwacher Hitze schmoren, bis der Knoblauch goldbraun ist.

❷ Die Nudeln inzwischen in reichlich Salzwasser bissfest garen und abgetropft mit Tomaten, Öl und Harissa mischen.

► **Pro Portion**
2088/499 kJ/kcal • 15 g Eiweiß
7 g Fett • 89 g Kohlenhydrate
5 g Ballaststoffe • 93 mg Cholesterin

Nudeln mit Gorgonzola

Für 4 Portionen

125 g Gorgonzola
750 g süße Sahne
frisch gemahlener weißer Pfeffer
2 EL Zitronensaft
400 g breite Nudeln
Salz
1/2 Bund Petersilie

Zubereitungszeit 20 Minuten

❶ Den Gorgonzola zerdrücken. Die Sahne in einem weiten Topf aufkochen und den Käse darin bei schwacher Hitze unter Rühren auflösen. Reichlich Pfeffer und den Zitronensaft untermischen. Die Sauce zugedeckt warm halten.

❷ Die Nudeln in reichlich Salzwasser bissfest kochen. Die Petersilie waschen, trocknen und fein zerkleinern. Die Nudeln abgießen und gut abgetropft mit der Sauce und der Petersilie vermischen.

► **Pro Portion**
4468/1068 kJ/kcal • 22 g Eiweiß
70 g Fett • 77 g Kohlenhydrate
3 g Ballaststoffe • 310 mg Cholesterin

Tortellini mit Wirsing

Für 4 Portionen

1 Paket TK-Rahmwirsing (450 g)
1 EL Olivenöl, 200 g Pastakäse
50 g gehackte Walnusskerne
500 g frische Tortellini

Zubereitungszeit 20 Minuten

❶ Den Tiefkühl-Rahmwirsing auftauen und langsam erhitzen.

❷ Das Öl erhitzen und die Nüsse darin bei schwacher Hitze rösten.

❸ Die Tortellini garen und abgetropft mit Wirsing, Nüssen und zwei Dritteln des Käses mischen. Mit dem restlichen Käse bestreuen.

► **Pro Portion**
3440/823 kJ/kcal • 37 g Eiweiß
27 g Fett • 98 g Kohlenhydrate
10 g Ballaststoffe • 152 mg Cholesterin

Sie können alle gefüllten Nudeln – grüne Tortelloni, Ravioli, Capelletti (bei gefüllten frischen Teigwaren brauchen Sie 100 bis 150 Gramm pro Person) – oder ungefüllte kräftige Nudeln wie Makkaroni, Ruote oder Pappardelle nehmen. Frische Gnocchi schmecken allerdings nicht so gut mit Wirsing.

Schnelle Nudelbegleiter

❶ Tiefkühlgemüse erhitzt man mit Sahne oder Crème fraîche und mischt Käse darunter.

❷ Bei Tiefkühlgemüsezubereitungen gibt man noch geriebenen Käse und Krauter dazu.

❸ Tomaten für die Sauce gibt es fertig: Pizzatomaten oder Tomaten mit Kräutern.

❹ Frische Gemüsestifte, Kräuter und Eier passen zu in der Pfanne gebratenen Nudelresten.

❺ Scharfe Würzsaucen, zerdrückten Knoblauch und Öl mischt man mit heißen, dünnen Nudeln.

❻ Feines Gemüse aus dem Glas, Oliven und Tiefkühlkräuter passen zu breiten Bandnudeln.

Nudelgratin mit Ratatouille

Öl im Kochwasser ist nicht nötig: In einem großen Topf mit sprudelnd kochendem Wasser gegart, kleben Nudeln nicht zusammen, wenn man sie häufig umrührt.

Für 4 Portionen

- 250 g Makkaroni
- Salz
- 1 Glas Ratatouille, Auberginen in Tomatensauce oder Tomatenstücke mit Kräutern (ca. 350 g)
- 1 Packung tiefgefrorene italienische Kräutermischung
- 100 g Crème fraîche
- 200 g Gratinkäse

Zubereitungszeit 30 Minuten

❶ Den Backofen auf 250 °C (Umluft 220 °C, Gas Stufe 5) vorheizen. Die Makkaroni in reichlich Salzwasser garen, dabei die angegebene Kochzeit um 3 Minuten reduzieren. Abgießen und abtropfen lassen.

❷ Die Nudeln mit Ratatouille, Auberginen oder Tomaten, Kräutern, Crème fraîche und der halben Käsemenge mischen und in eine Gratinform geben. Das Gratin mit dem restlichen Käse bestreuen, in den Backofen (mittlere Schiene) stellen und etwa 15 Minuten backen, bis der Käse knusprig ist.

► Pro Portion

2444/585 kJ/kcal • 26 g Eiweiß
30 g Fett • 47 g Kohlenhydrate
4 g Ballaststoffe • 105 mg Cholesterin

Pestonudeln mit Tomaten

Für 2 Portionen

- 300 g dicke, kurze Nudeln (Tortiglioni oder Penne)
- Salz
- 1 kleine Dose Tomatenstücke
- 1 Glas Pesto (ca. 150 g)
- 5 EL Milch
- frisch gemahlener schwarzer oder weißer Pfeffer
- 200 g Pizzakäse

Zubereitungszeit 30 Minuten

❶ Den Backofen auf 250 °C (Umluft 220 °C, Gas Stufe 5) vorheizen. Die Nudeln in reichlich Salzwasser in etwa 10 Minuten nicht ganz weich kochen, abgießen und abtropfen lassen.

❷ Inzwischen Tomatenstücke mit Pesto und Milch verrühren und mit Pfeffer kräftig würzen.

❸ Die Nudeln mit den Tomaten mischen, in eine Gratinform geben und den Käse darüber streuen. In den Ofen (mittlere Schiene) stellen und etwa 15 Minuten backen, bis der Käse leicht gebräunt ist.

► Pro Portion

6449/1543 kJ/kcal • 52 g Eiweiß
91 g Fett • 110 g Kohlenhydrate
7 g Ballaststoffe • 209 mg Cholesterin

Nudelgratin mit Ratatouille und Pestonudeln mit Tomaten – zwei schnelle, unkomplizierte Gerichte für alle Nudelfans (Seite 91).

Gebackene Spaghettinester

Für 4 Portionen

- 2 Knoblauchzehen
- 1/2 unbehandelte Zitrone
- je 1 Bund Petersilie und Basilikum
- 100 g Parmesan
- 40 g Pinienkerne
- 6 EL Olivenöl
- 200 g Mozzarella
- 1 große fest kochende Kartoffel
- 200 g grüne Bohnen
- Salz
- 500 g dünne Spaghetti

Ein berühmtes toskanisches Essen sind dünne Spaghetti, kleine Kartoffelwürfel und zarte grüne Bohnen, kochend heiß vermischt mit viel würziger Pestosauce. Die Spaghettinester sind die Abwandlung aus dem Backofen.

Zubereitungszeit 60 Minuten

❶ Für das Pesto den Knoblauch schälen. Ein großes Stück Zitronenschale dünn abschneiden. Den Saft auspressen. Die Kräuter waschen und trockenschwenken. Knoblauch und Zitronensaft und -schale mit Kräutern, Parmesanstücken und Pinienkernen im Mixer pürieren. Die Paste mit 5 Esslöffeln Öl vermischen.

❷ Den Mozzarella in Würfel schneiden. Die Kartoffel schälen, waschen und klein würfeln. Die Bohnen waschen, putzen und in fingerbreite Stücke schneiden. Den Backofen auf 220 °C (Umluft 200 °C, Gas Stufe 4) vorheizen.

❸ In einem großen Topf reichlich Salzwasser aufkochen. Kartoffel und Bohnen darin 4 Minuten sprudelnd kochen, mit einem Schaumlöffel herausnehmen und mit dem Pesto vermischen.

❹ Die Spaghetti im selben Wasser 4 Minuten sprudelnd kochen, abgießen, abtropfen lassen und mit dem restlichen Öl vermischen. Etwas abkühlen lassen und zu Nestern formen.

❺ Die Spaghettinester in eine Gratinform geben. Die Kartoffelmischung in den Nestern verteilen und mit dem Mozzarella belegen. Die Nester im Ofen etwa 20 Minuten backen, bis der Mozzarella leicht gebräunt ist.

► **Pro Portion**
4033/964 kJ/kcal • 41 g Eiweiß
39 g Fett • 99 g Kohlenhydrate
8 g Ballaststoffe
153 mg Cholesterin

Überbackene Muschelnudeln

Für 4 Portionen

- 500 g gemischtes Gemüse (grüne Bohnen, Paprikaschote, Zucchini, Lauchzwiebel, Pilze, Fenchel)
- 3 EL Öl
- 1/2 Bund gemischte Kräuter
- Salz, Pfeffer
- 8 große Muschelnudeln zum Füllen und Überbacken (Conchiglione)
- 3 reife Tomaten
- 125 g Taleggio oder Mozzarella

Zubereitungszeit 40 Minuten

❶ Das Gemüse putzen, waschen oder schälen und fein zerkleinern. In einem Topf das Öl erhitzen und das Gemüse darin unter ständigem Rühren bei mittlerer Hitze etwa 3 Minuten schmoren. Die Kräuter waschen, fein hacken und untermischen. Mit Salz und Pfeffer würzen und abkühlen lassen. Den Backofen auf 220 °C (Umluft 200 °C, Gas Stufe 4) vorheizen.

❷ Inzwischen die Nudeln in reichlich Salzwasser 5 Minuten sprudelnd kochen. Mit einem Schaumlöffel herausnehmen, mit den Öffnungen nach unten auf ein Küchentuch legen und kurz abtropfen lassen. Die Nudeln mit den Öffnungen nach oben nebeneinander in eine Gratinform setzen.

❸ Die Tomaten abziehen, würfeln und um die Nudeln verteilen. Mit Salz und Pfeffer würzen. Den Taleggio von der Rinde befreien und in kleine Würfel schneiden. Die Käsewürfel mit dem Gemüse mischen und in die Muschelnudeln geben.

❹ Die Nudeln in den heißen Backofen (mittlere Schiene) stellen und etwa 20 Minuten backen, bis der Käse geschmolzen und die Füllung leicht gebräunt ist.

► **Pro Portion**

2795/669 kJ/kcal • 26 g Eiweiß
18 g Fett • 92 g Kohlenhydrate
9 g Ballaststoffe
132 mg Cholesterin

TIP

Die großen Nudeln zum Füllen bekommen Sie meist nur in Mittelmeerläden und in italienischen Feinkostgeschäften. Den fettreichen, weichen Taleggio für Würze und die nötige Bindung gibt es beim Käsehändler.

Gemüse-Maultaschen

Diese Maultaschen sind die Abwandlung der Klassiker aus Schwaben und Italien: Große Teigstücke, die man leichter mit Gemüse füllen kann als kleine Ravioli. Serviert werden sie ganz italienisch: mit Olivenöl, Butter und Salbei.

Für 6 Portionen

Teig:
- 300 g Mehl
- 1 TL Salz
- 2 Eier, 6 EL Wasser
- 1 EL Öl
- Mehl zum Ausrollen

Füllung:
- 1 kleine Aubergine (250 g)
- 1 kleine rote Paprikaschote
- 1 Zwiebel
- 2 Knoblauchzehen
- 6 EL Olivenöl
- 1 Ei
- 2 EL Semmelbrösel
- Salz, weißer Pfeffer
- 1 TL getrockneter Oregano
- 1 EL Butter
- 3 Stängel frischer Salbei

Zubereitungszeit 90 Minuten

❶ Mehl, Salz, Eier, 6 Esslöffel Wasser und das Öl zu einem geschmeidigen Teig verkneten. Eventuell tropfenweise noch etwas Wasser unterkneten. In Folie gewickelt 60 Minuten ruhen lassen.

❷ Aubergine und Paprikaschote putzen, waschen und ganz klein würfeln. Zwiebel und Knoblauch schälen und fein hacken.

❸ In einer Pfanne 2 Esslöffel Öl erhitzen und Gemüse, Zwiebel und Knoblauch darin bei starker bis mittlerer Hitze kräftig schmoren, bis die sich bildende Flüssigkeit wieder verdampft ist. In einer Schüssel abkühlen lassen und mit Ei, Semmelbröseln, Salz, Pfeffer und Oregano mischen.

❹ Den Teig halbieren und auf wenig Mehl zu zwei möglichst gleich großen, dünnen Platten ausrollen. Die Platten in Rechtecke von 5 x 12 cm schneiden. In die Mitte der Rechtecke jeweils etwas Füllung geben. Die Teigränder mit Wasser bestreichen, die Rechtecke zusammenklappen und die Ränder mit einer Gabel gut fest drücken.

❺ Das restliche Öl mit der Butter erhitzen, bis die Butter geschmolzen ist und leicht schäumt. Die Salbeiblättchen abzupfen und darin bei schwacher Hitze ziehen lassen.

❻ Die Maultaschen in reichlich sprudelnd kochendem Salzwasser etwa 3 Minuten garen, bis sie an die Oberfläche steigen. Mit einem Schaumlöffel herausnehmen, auf heißen Tellern anrichten, mit Öl, Butter und Salbei übergießen und sofort servieren.

► **Pro Portion**
2465/589 kJ/kcal • 17 g Eiweiß
28 g Fett • 61 g Kohlenhydrate
10 g Ballaststoffe • 189 mg Cholesterin

Maultaschen auf die neue Art: mit Auberginen und Paprikaschoten gefüllt, mit gesundem Öl und würzigem Sommerkraut angerichtet (Seite 95).

Nudeln mit Roten Beten

Für 3 Portionen

- 3 kleine Rote Beten
- 1 Knoblauchzehe
- 1/2 Bund Schnittlauch
- 1 EL Sonnenblumenöl
- 1/8 l Gemüsebrühe (Instant)
- 100 g süße Sahne
- 300 g Schmetterlingsnudeln
- Salz, weißer Pfeffer
- 50 g Pastakäse

Rote Beten schmecken nicht nur gut, sondern sind auch sehr gesund: Sie fördern die Blutbildung und die Verdauung und gelten als »Nervennahrung«.

Zubereitungszeit 40 Minuten

❶ Die Roten Beten waschen, schälen und raspeln. Die Knoblauchzehe schälen und hacken. Den Schnittlauch waschen, trockenschwenken und in feine Röllchen schneiden.

❷ In einem Topf das Öl erhitzen und Rote Beten und Knoblauch darin bei mittlerer Hitze unter Rühren anbraten. Brühe zugießen, aufkochen und die Roten Beten zugedeckt bei schwacher Hitze 10 Minuten garen. Die Sahne untermischen.

❸ Die Nudeln in Salzwasser bissfest garen, abgetropft mit den Roten Beten mischen, mit Pfeffer und Salz würzen und mit Käse und Schnittlauch bestreuen.

► **Pro Portion**

2538/607 kJ/kcal • 19 g Eiweiß
26 g Fett • 67 g Kohlenhydrate
7 g Ballaststoffe • 135 mg Cholesterin

Menüs ohne Fleisch

Sommerlich leicht

- Tomatentatar (Seite 74)
- Knoblauchbrote (Seite 51)
- Spinatklößchen (Seite 68)
- Gemischter Salat mit Blüten (Seite 32)
- Holundergrütze (Seite 157)

Festlich

- Marinierte Artischocken (Seite 42)
- Tomatensalat mit Zucchiniblüten (Seite 28)
- Spargelsuppe (Seite 66)
- Gemüse-Maultaschen (Seite 94)
- Orangencreme mit Früchten (Seite 161)

Preiswert

- Schnelle Minestrone (Seite 97)
- Pellkartoffeln mit Gemüse (Seite 76)
- Zucchinisalat (Seite 27)
- Süße Kürbispfannkuchen (Seite 55)

Schnelle Minestrone

Für 6 Portionen

2 Stangen Sellerie
1 Stange Porree
1 Zwiebel
1 Knoblauchzehe
1 große Dose geschälte Tomaten
je 1 kleine Dose große weiße und rote Bohnen
150 g Parmesan
3 EL Olivenöl
1 Paket TK-Erbsen und Karotten (450 g)
1 Paket TK-Grüne Bohnen (300 g)
2 EL Gemüsebrüheextrakt
75 g Hörnchennudeln
1 Päckchen tiefgefrorene italienische Kräutermischung
Salz, weißer Pfeffer

Zubereitungszeit 30 Minuten

❶ Sellerie und Porree putzen, waschen und in fingerdicke Stücke schneiden. Die Zwiebel und den Knoblauch schälen und fein hacken. Die Tomaten in der Flüssigkeit grob zerschneiden. Die weißen und roten Bohnen auf einem Sieb kalt abspülen. Den Käse fein reiben.

❷ Das Öl in einem großen Topf erhitzen und Zwiebel und Knoblauch darin bei schwacher Hitze glasig dünsten. Sellerie, Porree, Tiefkühlgemüse, 1 1/2 l Wasser und den Gemüsebrüheextrakt zugeben und alles einmal kräftig aufkochen.

❸ Die Nudeln zufügen und die Suppe erneut aufkochen. Zugedeckt bei schwacher bis mittlerer Hitze 5 bis 7 Minuten garen, bis die Nudeln halb weich sind.

❹ Die Bohnen und Tomaten zugeben und alles noch einmal kräftig aufkochen. Die Kräuter untermischen und die Suppe mit Salz und Pfeffer abschmecken. Den Parmesan extra dazu servieren.

► Pro Portion

1403/336 kJ/kcal • 21 g Eiweiß
12 g Fett • 31 g Kohlenhydrate
10 g Ballaststoffe • 25 mg Cholesterin

Die grünen Blätter von Porree, Lauch- und Frühlingszwiebeln enthalten Beta-Karotin; deshalb nur die welken Blätter entfernen und möglichst viel Grünes mitverwenden.

Cannelloni mit Rucola

In den Cannelloni schmeckt Rucola, die als Salatkraut schon etwas zu groß geraten ist. Fein gehackt stören härtere Blätter überhaupt nicht, und ihr Aroma ist für das Backofengericht gerade kräftig genug.

Für 3 Portionen

1 Bund Lauchzwiebeln
300 g Rucola
100 g Champignons
1 Knoblauchzehe
200 g Mozzarella
150 g Parmesan
150 ml Milch
150 g süße Sahne
40 g Mehl
Salz, weißer Pfeffer
geriebene Muskatnuss
3 EL Öl
12 Lasagneblätter (200 g)

Zubereitungszeit 75 Minuten

❶ Lauchzwiebeln, Rucola und Pilze putzen, waschen, trockentupfen und fein zerkleinern, dabei das Zwiebelgrün mitverwenden. Den Knoblauch schälen und fein hacken, den Mozzarella in Scheiben schneiden. Den Parmesan reiben.

❷ Milch, Sahne und Mehl mit den Quirlen des Handrührgeräts glatt verrühren. Parmesan, Salz und Muskat untermischen.

❸ Das Öl in einer Pfanne erhitzen. Gemüse und Knoblauch darin bei starker bis mittlerer Hitze sehr weich schmoren, bis die sich bildende Flüssigkeit verdampft ist. Mit Salz und Pfeffer kräftig würzen.

❹ Die Lasagneblätter portionsweise in reichlich Salzwasser kochen, bis sie weich genug zum Rollen sind. Abgießen, abtropfen lassen und nebeneinander auf ein Küchentuch legen. Das Gemüse gleichmäßig auf den Nudelplatten verteilen, die Lasagneblätter zu Cannelloni aufrollen und dicht nebeneinander in eine flache Gratinform legen. Die Sauce darüber gießen.

❺ Die Cannelloni mit dem Mozzarella belegen und in den kalten Backofen (mittlere Schiene) stellen. Bei 200 °C (Umluft 180 °C, Gas Stufe 4) etwa 45 Minuten backen, bis die Oberfläche gebräunt ist.

► Pro Portion

4181/1000 kJ/kcal • 47 g Eiweiß
54 g Fett • 67 g Kohlenhydrate
7 g Ballaststoffe • 179 mg Cholesterin

TIP

Damit Sie die Lasagneblätter auch gut füllen und aufrollen können, muss das Gemüse ein richtiges Mus bilden: Das Gemüse bei starker bis mittlerer Hitze unter Rühren etwa 10 Minuten schmoren, bis die gesamte Flüssigkeit verdampft ist.

Ein Festessen für alle Italienfans – mit Rucola und Pilzen gefüllte Cannelloni, die mit Mozzarella im Ofen überbacken werden (Seite 99).

Nudeln mit Löwenzahn

Für 4 Portionen

- 500 g fest geschlossene Löwenzahnknospen
- 1 Knoblauchzehe
- 1/2 Bund Schnittlauch
- 75 g Parmesan oder Pecorino
- 2 EL Butter
- 1/8 l Gemüsebrühe
- 200 g Sahne
- Salz, Pfeffer
- 1 EL Zitronensaft
- 500 g mitteldicke Nudeln (Ditali, Casarecce, Rigatoni oder Fusilli)

Zubereitungszeit 30 Minuten

❶ Die Knospen waschen und abtropfen lassen. Den Knoblauch schälen und hacken. Den Schnittlauch waschen, trocknen und fein zerkleinern. Den Käse reiben.

❷ Die Butter in einer großen Pfanne erhitzen und den Knoblauch darin bei schwacher Hitze glasig dünsten. Die Knospen zugeben und unter Rühren bei starker bis mittlerer Hitze 2 Minuten braten. Die Brühe und Sahne zugießen, einmal aufkochen und die Knospen zugedeckt bei schwacher Hitze 5 Minuten garen. Mit Salz, Pfeffer und Zitronensaft abschmecken.

❸ Die Nudeln in reichlich Salzwasser bissfest kochen, mit dem Löwenzahn mischen und mit Käse und Schnittlauch bestreuen.

► **Pro Portion**

3351/801 kJ/kcal • 28 g Eiweiß
30 g Fett • 94 g Kohlenhydrate
8 g Ballaststoffe • 200 mg Cholesterin

TIP

Nudeln müssen beim Kochen schwimmen, sonst kleben sie zusammen und garen ungleichmäßig. Deshalb pro 100 Gramm Nudeln 1 Liter Wasser nehmen.

Der richtige Käse

- Frischer junger Käse wie Fontina, Gorgonzola, Mozzarella, Bel Paese, Gouda, Raclette und Vacherin eignet sich für cremige Saucen zu Nudeln: Den Käse in kleine Würfel schneiden und bei schwacher Hitze in Sahne oder Crème fraîche schmelzen lassen
- Würzigen mittelalten oder alten Käse wie Parmesan, Pecorino, Provolone picante, Montasio vecchio, Asagio vecchio und Grana padano oder Grana trentino serviert man zum Bestreuen von Nudeln. Frisch und fein gerieben schmeckt der Käse am besten
- Würziger, fettreicher mittelalter oder junger Käse wie Fontina, Bel Paese, Mozzarella, Gouda, Fontal und Emmentaler nimmt man gewürfelt oder in Scheiben für Nudelgratins und Aufläufe

Nudeln mit Mangold

Für 2 Portionen
150 g Mangold
1 rote Zwiebel
1 kleine rote Chilischote
75 g weicher Schafskäse (Feta)
2 EL Olivenöl, Salz
2 EL Crème fraîche
2 EL trockener Weißwein
200 g dünne Nudeln
frisch gemahlener weißer Pfeffer

Zubereitungszeit 45 Minuten

❶ Den Mangold waschen. Die Blattrippen fein zerkleinern, die Blätter grob hacken. Die Zwiebel schälen und in dünne Scheiben schneiden. Die Chilischote von Kernen und Trennwänden befreien, waschen und in hauchfeine Streifen schneiden. Den Käse zerbröckeln.

❷ Das Öl in einem Topf erhitzen und Zwiebelscheiben und Chilischote darin bei schwacher Hitze glasig dünsten. Die Mangoldrippen zugeben und etwa 2 Minuten dünsten. Die Blätter kurz mitschmoren. Die Crème fraîche und den Wein zugeben und alles zugedeckt etwa 3 Minuten dünsten. Den Käse auf das Gemüse legen und zugedeckt erhitzen.

❸ Inzwischen die Nudeln in reichlich Salzwasser bissfest kochen, abgießen und abtropfen lassen. Das Gemüse mit Salz und weißem Pfeffer würzen und mit den Nudeln mischen.

► **Pro Portion**

2739/655 kJ/kcal • 22 g Eiweiß
25 g Fett • 75 g Kohlenhydrate
7 g Ballaststoffe • 121 mg Cholesterin

Mit Mangold und Schafskäse sind die Nudeln ein typisches Sommeressen. Im Winter kann man stattdessen fein geschnittenen Chinakohl, ein paar gehackte schwarze Oliven und kleine Mozzarellawürfel nehmen.

Die richtige Sauce

❶ Ganz feine Nudeln wie Spaghettini oder Fedellini schmecken mit Gemüse und Käse.

❷ Große Nudeln wie Fusilli brauchen noch Sahne, Crème fraîche oder Tomaten.

❸ Vollkornnudeln werden nur mit reichlich Sahne- oder Tomatensauce schön saftig.

Reisnudeln mit Omelett

Glasnudeln sind noch leichter zu bekommen als Reisnudeln und passen genauso gut zu diesem Essen. Der Unterschied zwischen beiden Nudelsorten: Reisnudeln bestehen tatsächlich aus Reismehl und Wasser, Glasnudeln dagegen aus der Stärke von Mungobohnen.

Für 4 Portionen

- 3 Knoblauchzehen
- 1 rote oder grüne Chilischote
- 2 EL dunkle Sojasauce
- 1 TL Zitronensaft
- 1 EL Zucker
- 2 Lauchzwiebeln
- 5 Eier
- Salz, schwarzer Pfeffer
- 1 TL Ahorn- oder Dattelsirup
- 1 kleiner Eisbergsalat
- 1/2 Salatgurke
- je 1 Hand voll Minze und Koriandergrün
- 50 g dünne Reisnudeln
- 1 EL Öl

Zubereitungszeit 45 Minuten

❶ Für die Sauce 1 Knoblauchzehe abziehen. Die Chilischote waschen, halbieren und die Trennwände und Kerne entfernen. Beides zusammen mit der Sojasauce, 1 Esslöffel Wasser, dem Zitronensaft und dem Zucker in einem Mörser fein zerreiben, bis sich der Zucker gelöst hat.

❷ Die restlichen Knoblauchzehen schälen und hacken. Die Lauchzwiebeln putzen, waschen und mit dem zarten Zwiebelgrün grob zerkleinern. Die Eier verquirlen. Alle drei Zutaten mit Salz, Pfeffer und Sirup verrühren.

❸ Den Salat putzen, waschen und in Streifen schneiden. Die Gurke gründlich waschen oder schälen und in dünne Scheiben schneiden. Die Kräuter waschen, trockenschwenken und grob zerkleinern. Salatblätter, Gurkenscheiben und Kräuter nebeneinander auf einer großen Platte anrichten.

❹ Die Reisnudeln in reichlich kochendem Wasser unter Rühren in etwa 3 Minuten bissfest garen. Die Nudeln über einem Sieb abgießen, unter kaltem Wasser abschrecken, abtropfen lassen und neben dem Salat anrichten.

❺ Das Öl in einer beschichteten Pfanne erhitzen. Die Eiermischung darin bei mittlerer bis schwacher Hitze auf der Unterseite etwa 3 Minuten braten. Das Omelett mit Hilfe eines großen Tellers wenden und in weiteren 1 bis 2 Minuten goldbraun braten.

❻ Das Omelett herausnehmen, 1 bis 2 Minuten abkühlen lassen und wie eine Torte in 8 Stücke schneiden. Die Omelettstücke zu Nudeln und Salat legen und die Sauce darauf verteilen.

► **Pro Portion**
1019/244 kJ/kcal • 14 g Eiweiß
12 g Fett • 17 g Kohlenhydrate
3 g Ballaststoffe • 300 mg Cholesterin

Eine gelungene Mischung aus frischem Gemüse und Kräutern, exotischen Nudeln, pikantem Omelett und würziger Sauce (Seite 103).

Chinanudeln mit Pilzen

Frische Shiitake-Pilze sind gesünder als andere Pilze, denn sie enthalten Vitamine, senken den Cholesterinspiegel und wirken gegen Viren und Tumore im Magen- und Dickdarmbereich. Getrocknet verlieren sie allerdings etwa die Hälfte ihrer heilenden Wirkstoffe.

Für 3 Portionen

150 g frische Shiitake-Pilze oder Champignons
2 Lauchzwiebeln
1 Knoblauchzehe
2 Flaschentomaten
5 EL Öl, Salz
frisch gemahlener schwarzer Pfeffer
250 g breite chinesische Nudeln

Zubereitungszeit 30 Minuten

❶ Die Pilze putzen und in dicke Scheiben schneiden. Die Lauchzwiebeln putzen, waschen und in dünne Ringe schneiden. Den Knoblauch schälen und fein hacken, die Tomaten abziehen und würfeln.

❷ Das Öl in einer Pfanne erhitzen. Pilze, Zwiebeln und Knoblauch darin bei mittlerer Hitze unter häufigem Wenden etwa 5 Minuten braten. Die Tomaten untermischen und mit Salz und Pfeffer würzen. Zugedeckt auf der abgeschalteten Kochstelle ziehen lassen, bis die Nudeln gar sind.

❸ Die Nudeln nach Packungsaufschrift in reichlich Wasser bissfest kochen. Abgießen, abtropfen lassen, mit den Pilzen mischen und auf heißen Tellern anrichten.

► Pro Portion
2015/482 kJ/kcal • 16 g Eiweiß
21 g Fett • 53 g Kohlenhydrate
7 g Ballaststoffe • 0 mg Cholesterin

Gebratene Nudeln

Für 2 Portionen

1 mittelgroße Karotte
1 grüne Paprikaschote
1 kleine Stange Porree
100 g Sojasprossen
100 g schmale chinesische Nudeln
3 EL Erdnussöl
2 EL Sojasauce
2 EL trockener Sherry
1 TL scharfe Bohnenpaste oder Cayennepfeffer
Salz

Zubereitungszeit 30 Minuten

❶ Die Karotte schälen und in streichholzdünne Stifte schneiden. Die Paprikaschote waschen, trocknen und achteln. Trennwände und Kerne entfernen und die Schote in feine Streifen schneiden. Den Porree putzen und in fingerlange Stücke schneiden. Die Stücke längs halbieren, waschen und längs in feine Streifen schneiden. Die Sojasprossen kalt abspülen.

❷ Die Nudeln nach Anweisung garen, abgießen, abtropfen lassen und mit 1 Esslöffel Öl mischen.

❸ Das restliche Öl in einer Pfanne oder im Wok erhitzen. Das Gemüse darin bei starker Hitze unter ständigem Rühren etwa 1 Minute kräftig anbraten.

❹ Die Sojasauce, den Sherry und die Nudeln zugeben. Alles bei starker bis mittlerer Hitze unter Rühren schmoren, bis die Nudeln heiß sind. Mit der Bohnenpaste und etwas Salz würzen und servieren.

► **Pro Portion**
1794/429 kJ/kcal • 16 g Eiweiß
19 g Fett • 41 g Kohlenhydrate
10 g Ballaststoffe • 0 mg Cholesterin

Türkische Reisnudeln mit Zucchini

Für 4 Portionen
4 kleine Zucchini
1 mittelgroße Zwiebel
1 Knoblauchzehe
4 Salbeiblättchen
1 EL gesalzene Pistazienkerne
4 EL Olivenöl
250 g türkische Reisnudeln
Salz
etwas Zitronensaft
1 TL Harissa

Zubereitungszeit 30 Minuten

❶ Die Zucchini waschen, trocknen und in dünne Scheiben schneiden. Zwiebel und Knoblauch schälen und fein hacken. Die Salbeiblätter in Streifen schneiden, die Pistazienkerne hacken.

❷ In einem Topf 1 Esslöffel Öl erhitzen. Die Reisnudeln darin bei mittlerer Hitze unter ständigem Rühren kurz anbraten. 1/2 l Wasser zugießen und etwas Salz zugeben. Die Nudeln aufkochen und zugedeckt bei schwacher Hitze in 10 bis 15 Minuten so körnig weich wie Reis kochen.

❸ Inzwischen 2 weitere Esslöffel Öl in einer Pfanne erhitzen. Die Pistazienkerne darin zusammen mit Zwiebel und Knoblauch bei mittlerer bis schwacher Hitze rösten, bis die Zwiebel weich und goldbraun ist. Alles herausnehmen und warm halten.

❹ Das restliche Öl in der Pfanne erhitzen und die Zucchini darin einige Minuten bei starker Hitze kräftig rösten. Mit Salz und Zitronensaft würzen. Reisnudeln, Zwiebeln und Harissa zugeben und alles mit einer Gabel gründlich vermischen.

► **Pro Portion**
1584/379 kJ/kcal • 14 g Eiweiß
15 g Fett • 43 g Kohlenhydrate
8 g Ballaststoffe • 0 mg Cholesterin

Türkische Reisnudeln heißen auch Sariyi, sehen aus wie lange, schlanke Reiskörner und sind elfenbeinfarben wie Parboiled Reis. Sie werden aber aus Nudelteig hergestellt und genau wie Nudeln getrocknet. Reisnudeln gibt es in türkischen und griechischen Läden.

Reispfannkuchen mit Bauernsalat

Rote Zwiebeln sind saftig, mild und würzig, aber nicht so lange haltbar wie braune Zwiebeln.

Für 4 Portionen

- 125 g Rundkornreis
- 1 mittelgroße rote Zwiebel
- 2 Minigurken oder 1 kleine Salatgurke
- 2 große Fleischtomaten
- 10 schwarze Oliven
- 100 g griechischer Schafskäse (Feta)
- 1 TL getrockneter Oregano
- Salz
- frisch gemahlener schwarzer Pfeffer
- 2 EL Zitronensaft
- 5 EL Olivenöl
- 75 g Mehl
- 1/2 TL Backpulver
- 1 Ei
- 500 g Buttermilch
- 2 EL Öl
- etwas Öl oder Butterschmalz zum Backen

Zubereitungszeit 60 Minuten

❶ Den Reis in einem Topf mit 1/4 l Wasser aufkochen und zugedeckt bei schwächster Hitze in 20 Minuten weich garen. In eine Schüssel geben und abkühlen lassen. Dabei immer wieder mit einer Gabel umrühren, damit die Körner nicht zusammenkleben.

❷ Inzwischen für den Salat die Zwiebel schälen und in feine Ringe schneiden. Die Gurken gründlich waschen oder schälen und in dünne Scheiben schneiden. Die Tomaten waschen und achteln. Die Oliven entsteinen. Den Schafskäse würfeln.

❸ Zwiebel, Gemüse, Oliven und Schafskäse auf einer Platte anrichten und mit Oregano, Salz und grobem Pfeffer bestreuen. Den Zitronensaft mit dem Öl verrühren und darüber träufeln.

❹ Für die Pfannkuchen das Mehl mit 1 Teelöffel Salz und dem Backpulver mischen. Den Reis unterrühren. Das Ei trennen. Das Eigelb mit Buttermilch und Öl verrühren und unter die Reismischung rühren. Das Eiweiß steif schlagen und mit dem Schneebesen unterziehen.

❺ In einer Pfanne etwas Fett erhitzen und pro Pfannkuchen etwa 3 Esslöffel Teig hineingeben. Auf jeder Seite etwa 3 Minuten backen und bei 50 °C im Backofen warm halten. Auf die gleiche Weise drei weitere Pfannkuchen backen, dabei jedes Mal vorher etwas Fett in der Pfanne erhitzen. Die Pfannkuchen heiß zum Salat servieren.

Zu den knusprigen Reispfannkuchen passt sowohl der herzhafte Salat als auch Süßes wie Kompott, Ahorn- oder Dattelsirup (Seite 107).

► Pro Portion

2270/543 kJ/kcal • 17 g Eiweiß
28 g Fett • 50 g Kohlenhydrate
7 g Ballaststoffe • 79 mg Cholesterin

Reisbuletten

Zu den Buletten passt alles, was Sie auch zu Fleischfrikadellen mögen: gemischter Salat, Kartoffelsalat oder geschmortes Gemüse. Ungewöhnlich, aber gut: marinierte Linsen oder Tomatensauce und gebratene Auberginen.

Für 4 Portionen

- 250 g Klebereis
- Salz, frisch gemahlener weißer Pfeffer
- 1 rote Zwiebel, 2 Knoblauchzehen
- 2 Eier
- 1/2 TL Sambal Olek oder Harissa
- Öl oder Butterschmalz zum Braten

Zubereitungszeit 90 Minuten

❶ Den Klebereis in 1 l Wasser zugedeckt 9 Stunden einweichen und über einem Topf in ein Sieb abgießen. Eine Tasse umgedreht in den Topf stellen.

❷ Ein Bambuskörbchen mit einem Küchentuch auslegen. Den abgetropften Reis hineingeben und glattstreichen. Den Deckel auf das Körbchen legen und das Küchentuch darüber zusammenfalten. Das Körbchen auf die Tasse in den Topf stellen. Den Topf schließen und beschweren, damit so wenig Dampf wie möglich entweicht. Das Wasser bei starker Hitze aufkochen, bis sich Dampf bildet, und den Reis bei schwächster Hitze in 1 Stunde weich, aber bissfest dämpfen. Abkühlen lassen.

❸ Die Zwiebel und den Knoblauch schälen, fein zerkleinern und mit dem Reis vermischen. Die Eier, Sambal Olek, eine kräftige Prise Salz und Pfeffer untermischen.

Klebereis ausprobieren

Den Mittelkornreis mit sehr viel Stärke schätzt man besonders in Japan, Thailand und China zu Gerichten mit viel Sauce. Außerdem gibt es Klebereis natürlich auch in den Ländern, wo man traditionell anstelle von Stäbchen oder Besteck Daumen, Zeige- und Mittelfinger zum Essen benutzt: Der Reis wird zu kleinen Kugeln gedreht, um damit Fleisch, Gemüse, Fisch und Sauce aufzunehmen. Und wo man Reis statt Brot isst – in Vietnam und Thailand zum Beispiel – ist Klebereis auch das Essen für unterwegs, weil man ihn gegart wie Sandwiches formen und füllen kann. Gedämpft bleibt Klebereis schön körnig und ist dennoch ideal für Stäbchen, weil die gegarten Körner aneinander haften und deshalb viel leichter in den Mund zu befördern sind als normaler Langkornreis. Außerdem eignet er sich gut für Bratreis, Buletten und Kroketten.

❹ Öl oder Butterschmalz in einer Pfanne erhitzen. Den Reisteig mit angefeuchteten Händen zu Frikadellen formen und hineinsetzen. Bei mittlerer bis schwacher Hitze pro Seite etwa 5 Minuten braten.

► Pro Portion

1373/329 kJ/kcal • 9 g Eiweiß
8 g Fett • 52 g Kohlenhydrate
2 g Ballaststoffe • 131 mg Cholesterin

Reisgratin mit Pak-Choi

Für 4 Portionen

- 200 g Mittelkornreis
- 3 Lauchzwiebeln
- 1 kleiner Pak-Choi (ca. 200 g)
- 2 EL Öl
- 100 g Fontina
- 2 Eier
- 200 ml Milch
- Salz
- weißer Pfeffer
- 1/4 TL gemahlener Koriander

Zubereitungszeit 40 Minuten

❶ Den Reis in einem Topf in 1 l Wasser aufkochen und zugedeckt bei schwacher Hitze 10 Minuten kochen. Abgießen und abtropfen lassen.

❷ Die Lauchzwiebeln putzen, waschen und in feine Ringe schneiden. Die Pak-Choi-Blätter waschen und in feine Streifen schneiden. Das Öl in einer großen Pfanne erhitzen und Zwiebeln und Kohlblätter darin bei mittlerer Hitze goldbraun braten. Mit dem Reis vermischen.

❸ Den Fontina fein würfeln. Eier, Milch, Salz, Pfeffer und Koriander verquirlen und mit dem Käse unter den Reis mischen.

❹ Den Reis in eine Gratinform füllen und in den kalten Backofen (mittlere Schiene) stellen. Bei 200 °C (Umluft 180 °C, Gas Stufe 3) etwa 30 Minuten backen.

► Pro Portion

1784/427 kJ/kcal • 16 g Eiweiß
18 g Fett • 44 g Kohlenhydrate
2 g Ballaststoffe • 143 mg Cholesterin

Pak-Choi stammt aus China, ist vermutlich der Vorläufer des Chinakohls und sieht ähnlich aus wie unser Mangold. Die Blätter mit den fleischigen Stielen werden zubereitet wie Chinakohl. Pak-Choi gibt es in Asienläden, auf Märkten und bei Gemüsehändlern. Falls Sie ihn nicht bekommen, nehmen Sie Chinakohl, Mangold oder Radicchio di Treviso.

Gebackene Pfannkuchen mit Reis

Grüner Salat mit vielen Kräutern und ein Dip aus 2 Teilen Sojasauce, 1 Teil Gemüsebrühe, 2 EL Zitronensaft und 1 EL süßem Sherry passt hervorragend zu den gebackenen Pfannkuchen.

Für 6 Portionen

Teig:

- 120 g Weizenvollkornmehl
- 60 g Speisestärke
- Salz, 300 ml Wasser
- 1 Eigelb

Füllung:

- 5 große Mu-Err-Pilze
- 1 rote Zwiebel
- 1 Mangoldblatt (ca. 50 g)
- 50 g frische Sojasprossen
- 2 EL Öl
- 150 g gekochter Langkornreis
- 6 EL Sojasauce
- 1 TL rote Bohnenpaste
- Öl zum Backen und Frittieren
- 1 Eiweiß

Zubereitungszeit 60 Minuten

❶ Das Mehl mit der Speisestärke, dem Salz, dem Wasser und dem Eigelb verrühren und den Teig etwa 30 Minuten ruhen lassen.

❷ Die Pilze in warmem Wasser 15 Minuten einweichen, herausnehmen, gut ausdrücken und fein hacken. Die Zwiebel schälen, vierteln und in feine Streifen schneiden. Den Mangold waschen und sehr fein zerkleinern. Die Sojasprossen in einem Sieb kalt abspülen, abtropfen lassen und klein schneiden.

❸ Das Öl in einer Pfanne erhitzen. Pilze, Zwiebel, Mangold und Sojasprossen zugeben und bei starker Hitze unter Rühren 2 Minuten schmoren. Reis, Sojasauce und Bohnenpaste untermischen und alles in eine Schüssel geben.

❹ Aus dem Teig 16 Pfannkuchen backen. Dafür jeweils etwa 1 Teelöffel Öl in einer beschichteten Pfanne von 16 cm Durchmesser erhitzen und so viel Teig zugießen, dass der Pfannenboden gerade eben bedeckt ist. Bei mittlerer Hitze backen, bis die Oberfläche trocken ist. Den Pfannkuchen wenden, auf der Unterseite ganz kurz backen, herausnehmen und abkühlen lassen.

❺ Die Pfannkuchen mit der Füllung belegen, rundherum am Rand mit Eiweiß bestreichen, zur Mitte einschlagen und zu Päckchen formen. Die Ränder mit den Fingerspitzen andrücken.

❻ In einem hohen Topf oder einer Fritteuse reichlich Öl erhitzen. Die Rollen darin etwa 4 Minuten braun ausbacken. Auf Küchenpapier abtropfen lassen und heiß servieren.

► Pro Portion

1183/283 kJ/kcal • 9 g Eiweiß
6 g Fett • 43 g Kohlenhydrate
5 g Ballaststoffe • 53 mg Cholesterin

Die gebackenen Pfannkuchen mit Reis erinnern im Geschmack an asiatische Frühlingsrollen, haben aber durch den Reis ein viel kräftigeres Aroma (Seite 111).

Gebratener Reis auf China-Art

Für 3 Portionen

- 300 g Basmati- oder Patnareis
- Salz
- 1 mittelgroße rote Paprikaschote
- 1 kleine Fenchelknolle
- 50 g Zuckerschoten
- 50 g Austernpilze
- 50 g Bambussprossen aus der Dose
- 50 g frische Sojasprossen
- 1/2 Bund Schnittlauch
- 6 EL Sesamöl
- 4 EL Sojasauce
- Salz, Pfeffer

Gebratener Reis passt geschmacklich zu Gemüse, Pilzen, Sprossen und Tofu, ebenso zu Fleisch, Geflügel, Fisch, Krabben und Muscheln. Eier – in Asien ebenfalls eine beliebte Zutat – müssen zwar nicht sein, passen aber besonders gut zu vegetarischem Bratreis, weil sie das nötige Eiweiß liefern.

Zubereitungszeit 45 Minuten

❶ Den Reis mit 3/4 l gesalzenem Wasser aufkochen und zugedeckt bei schwacher Hitze in etwa 15 Minuten bissfest garen. Über einem Sieb abgießen, kalt abspülen und abtropfen lassen.

❷ Die Paprikaschote putzen, waschen, von den Kernen und weißen Trennwänden befreien und in kleine Würfel schneiden. Das Fenchelgrün abschneiden und beiseite legen. Die Knolle halbieren und den Strunk herausschneiden. Die Hälften waschen und quer in dünne Scheiben schneiden. Die Zuckerschoten waschen, putzen und schräg in Streifen schneiden. Die Austernpilze würfeln, die Bambussprossen in dünne Stifte schneiden, die Sojasprossen kalt abspülen und abtropfen lassen. Den Schnittlauch waschen, trockenschwenken und in Röllchen schneiden.

❸ Im Wok oder in einer großen Pfanne 1 Esslöffel Öl stark erhitzen. Paprikaschote und Fenchel darin bei starker Hitze unter Rühren 1 Minute braten. Das Gemüse mit 1 Esslöffel Sojasauce würzen und in einer zweiten Pfanne bei schwacher Hitze warm halten.

❹ Zuerst die Zuckerschoten und Pilze, dann die Bambus- und Sojasprossen im selben Öl braten, mit der restlichen Sojasauce würzen, zu den Paprikaschoten geben und warm halten.

❺ Das restliche Öl im Wok stark erhitzen und den Reis darin unter ständigem Rühren anbraten, bis die Körner leicht gebräunt sind. Alle Gemüse unter den

Reis mischen und weitere 3 Minuten bei starker bis mittlerer Hitze braten, dabei immer wieder umrühren. Den Reis mit Salz und Pfeffer abschmecken und mit Schnittlauchröllchen bestreut sofort servieren.

► **Pro Portion**

2651/634 kJ/kcal • 1 g Eiweiß
22 g Fett • 86 g Kohlenhydrate
8 g Ballaststoffe • 0 mg Cholesterin

Reis aus der Pfanne

Asiatischer Bratreis gelingt mit Langkorn- oder gedämpftem Klebereis (Seite 108). Langkornreis nimmt viel weniger Flüssigkeit auf als Rund- oder Mittelkornreis und gart fest und körnig. Gedämpfter Klebereis wiederum wird beim Rühren in der Pfanne so locker, wie es für gebratenen Reis wichtig ist. Besonders einfach ist das Braten in einer beschichteten Pfanne. Dann spielt es auch keine Rolle, ob Sie abgekühlten oder frisch gekochten, noch warmen Reis verwenden. In normalen Pfannen müssen Sie dagegen kalten Reis nehmen und ziemlich viel Öl verwenden, sonst kleben die Körner an und werden unter Umständen sogar matschig.

Reis mit Bohnen

Für 3 Portionen

- 300 g grüne Bohnen
- 400 g Tomaten
- 1 Gemüsezwiebel
- 2 Knoblauchzehen
- 5 EL Olivenöl
- 150 g Langkornreis
- 1–2 TL scharfe Paprikaflocken
- 1/4 l Gemüsebrühe
- Salz, 4 Stängel Pfefferminze

Zubereitungszeit 45 Minuten

❶ Die Bohnen waschen, putzen und in fingerbreite Stücke schneiden. Die Tomaten abziehen und würfeln. Zwiebel und Knoblauch schälen und fein hacken.

❷ Das Öl in einem Topf erhitzen und Zwiebel und Knoblauch darin glasig dünsten. Die Bohnen zugeben und mitbraten. Reis, Tomaten, Paprikaflocken und die Brühe zufügen und alles zugedeckt bei schwacher Hitze 20 Minuten garen, bis der Reis körnig weich ist. Mit Salz abschmecken. Die Pfefferminzblätter zerkleinern und untermischen.

► **Pro Portion**

1799/430 kJ/kcal • 9 g Eiweiß
18 g Fett • 50 g Kohlenhydrate
9 g Ballaststoffe • 0 mg Cholesterin

TIP

Zum Reistopf schmeckt selbst gemachter Kräuterjoghurt oder fertig gekauftes Tsatsiki.

Risotto mit Artischocken

Artischocken sind ideale Begleiter zu kräftigem Risotto mit Käse und Butter: Sie enthalten Stoffe, die den Gallenfluss anregen, der Leber gut tun und fettes Essen leichter verträglich machen.

Für 4 Portionen

- 6 EL Olivenöl
- 200 g Rundkornreis
- 1/2 l Gemüsebrühe
- 1 kleine Dose Artischockenherzen
- Saft von 1/2 Zitrone
- 4 Schalotten
- 3 Stängel Estragon oder Dill
- 50 g Pecorino
- 1/8 l trockener Weißwein
- Salz
- frisch gemahlener weißer Pfeffer

Zubereitungszeit 60 Minuten

❶ In einem Topf 1 Esslöffel Öl erhitzen. Den Reis darin unter Rühren kurz andünsten. Die Hälfte der Brühe zugießen, den Risotto langsam zum Kochen bringen und zugedeckt bei schwacher Hitze 10 Minuten garen. Den Risotto ohne Deckel weitere 10 Minuten garen, dabei häufig umrühren und die restliche Gemüsebrühe zugießen.

❷ Die Artischockenherzen auf einem Sieb abtropfen lassen und mit dem Zitronensaft vermischt ziehen lassen. Die Schalotten schälen und vierteln. Den Estragon waschen und trockentupfen. Die Blättchen abzupfen und sehr fein hacken. Den Käse fein reiben.

Dieser Risotto schmeckt sowohl mit eingelegten Artischockenherzen als auch mit frischen kleinen, spitzen Artischocken (Seite 115).

❸ Das restliche Öl erhitzen. Schalotten und Estragon darin bei starker bis mittlerer Hitze 5 Minuten schmoren und unter den Risotto mischen. Den Wein zugießen und alles 10 Minuten garen. Die Artischockenherzen mit dem Zitronensaft untermischen und noch einmal 10 Minuten garen. Den Risotto mit Salz und grobem Pfeffer abschmecken und mit dem Käse vermischt servieren.

► Pro Portion

2329/557 kJ/kcal • 16 g Eiweiß
20 g Fett • 70 g Kohlenhydrate
11 g Ballaststoffe • 7 mg Cholesterin

TIP

Im Frühjahr gibt es die kleinen, spitzen Artischocken aus Italien und Spanien. Sie sind so zart, dass man sie ganz essen kann, und schmecken besonders fein im Risotto. Zum Vorbereiten nur die äußeren ganz harten Blätter abschneiden. Die Blattspitzen mit einer Küchenschere kürzen und die Stiele abbrechen. Dann die Artischocken der Länge nach vierteln, das »Heu« entfernen, die Früchte waschen und in Stücke schneiden. Mit dem Zitronensaft mischen und im Risotto 10 bis 20 Minuten garen, bis sie gerade eben weich sind.

Bunter Reis mit Gemüse

In Asien- und Feinkostläden bekommen Sie zwei verschiedene Sojasaucen: Dunkle, dickflüssige Sojasauce schmeckt mild, würzig und leicht süß; helle Sojasauce ist eher salzig und wird oft anstelle von Salz verwendet.

Für 4 Portionen

- 3 getrocknete Shiitake-Pilze
- 1 Prise Zucker
- 1 EL Gemüsebrüheextrakt
- 1 kleine Karotte
- 1 kleiner Kohlrabi
- 100 g grüne Bohnen
- 4 EL Sojasauce
- 1 EL trockener Sherry
- 600 g Langkornreis
- 2 Frühlingszwiebeln

Zubereitungszeit 60 Minuten

❶ Die Pilze mit 750 ml lauwarmem Wasser und dem Zucker in eine Schüssel geben und 30 Minuten quellen lassen. Die Pilze abgießen. Dabei das Wasser auffangen und mit dem Gemüsebrüheextrakt in einen Topf geben.

❷ Die Pilze in kleine Stücke schneiden. Die Karotte und den Kohlrabi schälen und klein würfeln. Die Bohnen waschen, putzen und in fingerbreite Stücke schneiden. Mit Sojasauce und Sherry übergießen und 10 Minuten ziehen lassen.

❸ Den Reis auf einem Sieb kalt abspülen, bis das ablaufende Wasser klar bleibt, und mit der Gemüsemischung in das Pilzwasser geben. Alles mit einer Gabel vorsichtig mischen und aufkochen. Zugedeckt bei schwacher Hitze 20 Minuten garen und neben der Kochstelle noch 10 Minuten ziehen lassen, bis der Reis körnig und ziemlich trocken ist.

❹ Die Frühlingszwiebeln waschen, mit dem saftigen Grün in feine Ringe schneiden und untermischen.

► Pro Portion

2538/607 kJ/kcal • 16 g Eiweiß
3 g Fett • 121 g Kohlenhydrate
7 g Ballaststoffe • 0 mg Cholesterin

Reisauflauf mit Tomaten

Für 4 Portionen

- 250 g Natur-Langkornreis
- 1 Gemüsezwiebel
- 2 Knoblauchzehen
- 1 EL Öl
- 1 kleine Dose Tomatenstücke
- Salz, schwarzer Pfeffer
- Paprikapulver
- 1/4 TL Zucker
- 1 Bund Kräuter für Grüne Sauce
- 60 g Greyerzer oder Emmentaler
- 3 Eier
- Fett für die Form

Zubereitungszeit 60 Minuten

❶ Den Reis in 1/2 l Wasser zugedeckt bei schwacher Hitze 25 Minuten garen. Zwiebel und Knoblauch hacken und im Öl glasig dünsten. Tomaten zugeben und einkochen. Mit Salz, Pfeffer, Paprika und Zucker würzen und abgekühlt mit dem Reis mischen.

❷ Die Kräuter waschen und fein hacken. Den Käse fein reiben. Die Eier trennen und die Eiweiße steif schlagen. Kräuter und Eigelbe, dann den Eischnee unter den Reis mischen. In eine gefettete Form füllen und mit dem Käse bestreuen. Im Backofen (untere Schiene) bei 200 °C (Umluft 180 °C, Gas Stufe 3) etwa 30 Minuten backen.

► **Pro Portion**

1428/342 kJ/kcal • 10 g Eiweiß
8 g Fett • 53 g Kohlenhydrate
4 g Ballaststoffe • 140 mg Cholesterin

Wichtige Reissorten auf einen Blick

❶ Langkornreis nimmt man für körnige Reisgerichte: Suppen, Salat, Eintopf und Bratreis.

❷ Milchreis nimmt man für Süßspeisen und Kuchenbelag, dicke Suppen oder Risotto.

❸ Basmati- oder Duftreis mit schlanken Körnern verwendet man wie Langkornreis.

❹ Sushi- oder Uruchireis mit ovalen Körnern nimmt man für Sushi und Gemüseeintopf.

❺ Parboiled Reis ist die beste Lösung für Ungeübte, die körnigen Reis als Beilage mögen.

❻ Naturreis ist Lang- oder Rundkornreis mit den meisten Nähr- und Ballaststoffen.

Es gibt Schnellkoch-Naturreis im Kochbeutel, der nur 20 Minuten zum Garen braucht und schön körnig bleibt.

Hirse mit Zucchini und Oliven

Minze und Pfefferminze unterstützen die Verdauung. Deshalb sind sie die idealen Kräuter für alles, was in Fett gebraten wird.

Für 4 Portionen

- 500 g Hirse
- 2 Knoblauchzehen
- 4 EL Olivenöl
- 1 l Gemüsebrühe
- 4 kleine Zucchini
- 3 Schalotten oder 3 kleine Zwiebeln
- 3 Tomaten
- 100 g grüne oder schwarze Oliven
- 1 EL Kapern
- 1 EL Zucker
- 5 EL Weißweinessig
- Salz, Pfeffer
- 2–3 Stängel Minze oder Pfefferminze

Zubereitungszeit 30 Minuten

❶ Die Hirse in ein Sieb geben und heiß abspülen. Den Knoblauch schälen und fein hacken. In einem Topf 1 Esslöffel Öl erhitzen und den Knoblauch darin bei schwacher Hitze glasig braten. Die Hirse zugeben und kurz mitbraten. Die Brühe zugießen, einmal aufkochen und die Hirse zugedeckt bei schwacher Hitze in etwa 20 Minuten körnig weich garen.

Zur Hirse mit Zucchini und Oliven passt schaumig geschlagener Joghurt, mit Cayennepfeffer oder Harissa gewürzt (Seite 119).

❷ Inzwischen die Zucchini waschen, putzen und würfeln. Die Schalotten schälen und vierteln. Die Tomaten abziehen und achteln. Die Oliven halbieren und entsteinen.

❸ Das restliche Öl in einer Pfanne erhitzen. Zucchiniwürfel, Schalotten- und Tomatenstücke darin bei mittlerer bis starker Hitze unter Rühren etwa 3 Minuten braten, bis das Gemüse fast weich ist. Oliven, Kapern, Zucker und Essig zugeben und das Gemüse zugedeckt bei schwacher Hitze weitere 3 Minuten schmoren. Mit Salz und Pfeffer abschmecken.

❹ Das Gemüse und die Hirse auf vorgewärmten Tellern verteilen. Die Minze waschen und trockentupfen. Die Blättchen abzupfen, in Streifen schneiden und darüber streuen.

► **Pro Portion**

2971/711 kJ/kcal • 19 g Eiweiß
21 g Fett • 102 g Kohlenhydrate
14 g Ballaststoffe • 0 mg Cholesterin

Gesunde Hirse

Hirse ist so reich an wertvollen Inhaltsstoffen wie kaum ein anderes Getreide: Sie enthält Eiweiß in beachtlichen Mengen, Fluor für Knochen und Zähne, Eisen fürs Blut. Dazu ist sie so schnell gar wie weißer Reis, Bulgur oder Couscous. Doch anders als Bulgur sind Hirsekörner so hart, dass Einweichen allein sie nicht »knackt«.

Couscous mit Gemüse

Für 4 Portionen
500 g Couscous
Salz
4 kleine fest kochende Kartoffeln
4 Karotten
2 kleine Auberginen
1 Knoblauchzehe
1 kg Tomaten
1 kleine Dose Kichererbsen
8 EL Öl
1 Prise Zucker
1–1 1/2 TL Harissa
1 Bund Petersilie

Zubereitungszeit 90 Minuten

❶ Den Couscous auf ein Backblech geben und tropfenweise kaltes Wasser und etwas Salz zugeben. Den Couscous mit einer Gabel durchrühren, damit er nicht klumpt, und zugedeckt etwa 20 Minuten quellen lassen.

❷ Den Couscous nochmals mit der Gabel durchrühren und eventuell zwischen den Finger zerreiben, bis er richtig körnig ist. Die Körner in ein großes, feinmaschiges Sieb geben.

❸ Einen Topf von passender Größe mit so viel Wasser füllen, dass man das Sieb in den Topf hängen kann, ohne dass es das Wasser berührt. Das Wasser aufkochen, das Sieb einhängen und den Couscous zugedeckt bei mittlerer bis schwacher Hitze etwa 60 Minuten dämpfen, bis die Körner zwei- bis dreimal so dick sind. Dabei ab und zu kontrollieren, ob das Wasser noch kocht, und eventuell etwas Wasser nachgießen.

❹ Inzwischen die Kartoffeln und die Karotten schälen, waschen und würfeln. Die Auberginen waschen und in dicke Scheiben schneiden. Den Knoblauch abziehen und hacken. Die Tomaten abziehen und achteln. Die Kichererbsen auf einem Sieb gut abtropfen lassen.

❺ 2 Esslöffel Öl in einem Schmortopf erhitzen. Die Kartoffeln und Karotten darin bei mittlerer Hitze unter Wenden etwa 5 Minuten anbraten und wieder herausnehmen.

TIP

Couscous bekommen Sie in türkischen und griechischen Lebensmittelgeschäften, Naturkostläden und Reformhäusern.

Die Auberginenscheiben im gleichen Topf mit dem restlichen Öl bei schwacher Hitze auf beiden Seiten braun und halb weich braten und herausnehmen.

❻ Kartoffel- und Karottenwürfel, Auberginenscheiben und Tomatenachtel schichtweise in den Topf geben und die Kichererbsen darauf verteilen. Das Gemüse langsam zum Kochen bringen und zugedeckt bei schwacher bis mittlerer Hitze etwa 30 Minuten oder so lange garen, bis die Kartoffeln weich sind.

❼ Das Gemüse mit Salz, Zucker und Harissa abschmecken. Die Petersilie waschen, trockenschwenken, fein hacken und unter das Gemüse mischen.

❽ Den Couscous in die Mitte einer großen Platte geben und das Gemüse darum herum anordnen.

► **Pro Portion**

2190/524 kJ/kcal • 12 g Eiweiß
24 g Fett • 58 g Kohlenhydrate
15 g Ballaststoffe • 2 mg Cholesterin

Kichererbsen schmecken leicht nach Nüssen. In Gläsern oder Dosen gibt es sie im Supermarkt, getrocknet wie Bohnen oder Linsen im Naturkostladen und Reformhaus.

So gelingt Couscous

❶ Couscous muss mit Wasser vermischt quellen, damit er im heißen Dampf weich wird.

❷ Nach dem Quellen die Körner wieder trennen, damit sie nicht zusammenkleben.

❸ Zum Garen braucht man so viel Wasser, dass sich genügend Dampf entwickeln kann.

Grünkernklöße mit Okragemüse

Grünkern ist Dinkel, der »milchreif« geerntet wird – das Innere der Körner ist noch weich und flüssig. Dann werden die Körner über Hitzequellen getrocknet und dabei leicht geröstet. Dadurch ist Grünkern leichter verdaulich als anderes Getreide und schmeckt angenehm »geräuchert«.

Für 4 Portionen

Klöße:
- 100 g Grünkernschrot
- 1 Zwiebel
- 1/2 Bund Petersilie
- 50 g Dinkel- oder Weizenmehl
- 1 Ei
- Salz, Cayennepfeffer

Gemüse:
- 400 g frische Okraschoten
- Salz
- 4 EL Essig
- 1 Gemüsezwiebel
- 2 Knoblauchzehen
- 500 g Tomaten
- 1/2 Bund Bohnenkraut
- 4 EL Öl
- schwarzer Pfeffer
- Zucker

Zubereitungszeit 100 Minuten

❶ Den Grünkern in 200 ml Wasser aufkochen und zugedeckt bei schwacher Hitze 10 Minuten garen. Neben der Kochstelle 30 Minuten quellen und abkühlen lassen. Die Zwiebel abziehen, die Petersilie waschen. Beides fein hacken und mit Mehl, Ei, Salz und Cayennepfeffer zu einem Teig mischen. Aus dem Teig 12 Klöße formen.

❷ Die Okras waschen, in einer Schüssel mit 2 Esslöffeln Salz und Essig mischen und zugedeckt 30 Minuten ziehen lassen.

❸ Die Gemüsezwiebel schälen und in dünne Scheiben schneiden. Den Knoblauch abziehen und hacken. Die Tomaten abziehen und in Scheiben schneiden. Das Bohnenkraut fein hacken. Die Okras abgießen, kalt abspülen und trockentupfen.

❹ Das Öl in einer Pfanne erhitzen. Zwiebel, Knoblauch und Bohnenkraut darin etwa 2 Minuten bei mittlerer Hitze braten und auf einen Teller geben. Die Okras bei starker bis mittlerer Hitze unter Rühren 2 Minuten braten.

❺ Zwiebelringe und Tomaten auf den Okras verteilen. Mit Salz, Pfeffer und Zucker würzen, aufkochen lassen und zugedeckt bei schwacher Hitze etwa 10 Minuten garen.

❻ Reichlich Salzwasser zum Kochen bringen. Die Klöße darin aufkochen und ohne Deckel bei schwacher Hitze etwa 15 Minuten gar ziehen lassen. Mit dem Gemüse auf vorgewärmten Tellern anrichten.

► **Pro Portion**
1358/325 kJ/kcal • 11 g Eiweiß
13 g Fett • 37 g Kohlenhydrate
10 g Ballaststoffe • 60 mg Cholesterin

Die Grünkernklöße harmonieren sehr gut mit den Okraschoten, die inzwischen auch bei uns immer häufiger angeboten werden (Seite 123).

Buchweizenfrikadellen

Buchweizen enthält reichlich zellschützendes Vitamin E und sehr viel Eiweiß, aber kein Klebereiweiß wie etwa Weizen. Deshalb vertragen ihn auch Menschen, die an Zöliakie (Sprue) leiden.

Für 4 Portionen

- 150 g Buchweizenkörner
- 1 kleine Zwiebel
- 1/2 Bund Petersilie
- 100 g Emmentaler
- 1 EL Weizenvollkornmehl
- 2 Eier
- Salz, Pfeffer
- 4 EL Erdnuss- oder Olivenöl

Zubereitungszeit 50 Minuten

❶ Den Buchweizen in 450 ml Wasser aufkochen und zugedeckt bei schwacher Hitze 5 Minuten garen. Von der Kochstelle nehmen, zugedeckt 15 Minuten quellen und dann ohne Deckel abkühlen lassen.

❷ Die Zwiebel schälen, die Petersilie waschen und trockenschwenken und beides fein hacken. Den Käse fein reiben. Alle Zutaten zum Buchweizen geben. Mehl, Eier, Salz und Pfeffer zufügen und alles gründlich vermischen, bis der Teig gut bindet.

❸ In einer Pfanne das Öl erhitzen. Mit angefeuchteten Händen aus dem Teig 12 flache Frikadellen formen und diese portionsweise im heißen Öl bei schwacher bis mittlerer Hitze etwa 5 Minuten braten, bis sie sich leicht vom Pfannenboden lösen lassen. Die Frikadellen wenden und weitere 5 Minuten braten.

► Pro Portion

1687/404 kJ/kcal • 15 g Eiweiß
21 g Fett • 33 g Kohlenhydrate
2 g Ballaststoffe • 143 mg Cholesterin

TIP

Statt Buchweizen können Sie auch Grünkernschrot, Bulgur oder Couscous nehmen.

Buchweizen

Der herbe, leicht bittere Buchweizen verträgt sich gut mit Fruchtigem und Sahnigem:

- Grünem Salat mit Melonen, Orangen oder Erdbeeren
- Kartoffelsalat mit Äpfeln und Gewürzgurken
- Tomatengemüse, geschmorten Paprikaschoten oder gebratenen Auberginen
- fettem Käse zum Überbacken
- Pilzen in Sahnesauce zu Klößen oder Frikadellen

Zu süßem Buchweizen als Brei, Schmarren oder Kuchen passen:

- Schlagsahne und süße Früchte wie Pfirsiche, Kirschen oder Zwetschen
- Erdbeer-Rhabarber-Kompott
- Preiselbeerkompott
- Kompott aus Zwetschen, Holunderbeeren und Birnen

Brotauflauf mit Gemüse

Für 4 Portionen

200 g altbackenes Vollkornbrot in dünnen Scheiben
1/2 l Milch
Salz
abgeriebene Schale von 1/2 unbehandelten Zitrone
1/4 TL Cayennepfeffer
abgeriebene Muskatnuss
3 große Tomaten
3 Stangen Sellerie
1 Zweig Rosmarin
1 Zwiebel
40 g Parmesan
3 EL Öl
2 Eier
125 g Mozzarella

Zubereitungszeit 75 Minuten

❶ Das Brot in eine Schüssel geben. Die Milch mit Salz, Zitronenschale, je einer kräftigen Prise Cayennepfeffer und Muskat lauwarm erhitzen und darüber gießen. Zugedeckt ziehen lassen, bis die anderen Zutaten vorbereitet sind.

❷ Die Tomaten überbrühen, abziehen und würfeln. Den Sellerie putzen, waschen und in dünne Scheiben schneiden. Die Rosmarinblätter abzupfen, die Zwiebel schälen und beides hacken. Den Parmesan reiben.

❸ In einer Pfanne das Öl erhitzen und Sellerie, Rosmarin und Zwiebel darin bei mittlerer Hitze etwa 3 Minuten schmoren. Mit den Tomaten mischen, salzen und in einer großen, halbhohen Auflaufform verteilen. Den Parmesan darüber streuen.

❹ Das Brot mit den Quirlen des Handrührgeräts fein zerkleinern. Die Eier trennen. Die Eigelbe nacheinander untermischen. Die Eiweiße steif schlagen und unterheben. Die Brot-Eier-Mischung über das Gemüse geben und glattstreichen. Den Mozzarella in kleine Würfel schneiden und darauf legen.

❺ Den Auflauf in den kalten Backofen (mittlere Schiene) stellen und bei 180 °C (Umluft 160 °C, Gas Stufe 2) etwa 45 Minuten backen, bis er schön gebräunt ist.

► **Pro Portion**
2064/694 kJ/kcal • 25 g Eiweiß
25 g Fett • 36 g Kohlenhydrate
11 g Ballaststoffe
154 mg Cholesterin

Vollkornbrot gehört zu den Lebensmitteln, die am meisten Ballaststoffe liefern. Dabei spielt es keine Rolle, ob Sie grobes oder feines Brot wählen.

Hülsenfrüchte und Tofu

Bohnen mit Ei

Für 2 Portionen

400 g grüne Bohnen
4 große fest kochende Kartoffeln
2 mittelgroße Tomaten
3 kleine Zwiebeln
4 EL Maiskeim- oder Erdnussöl
Salz, schwarzer Pfeffer
2 Eier
1/2 Bund Basilikum

Zubereitungszeit 40 Minuten

❶ Die Bohnen waschen und putzen. Die Kartoffeln schälen, waschen und würfeln. Die Tomaten abziehen und achteln. Die Zwiebeln schälen und grob schneiden.

❷ Die Bohnen in reichlich Wasser 5 Minuten kochen, kalt abschrecken und abtropfen lassen. In einer großen Pfanne das Öl erhitzen und die Kartoffeln darin braun anbraten. Zwiebeln und Bohnen zugeben und mit Salz und Pfeffer würzen.

❸ Die Tomaten darauf legen. Die Eier aufschlagen, auf die Tomaten geben und zugedeckt bei schwacher Hitze stocken lassen. Den Basilikum waschen, trocknen, klein schneiden und darüber streuen.

► **Pro Portion**
3198/765 kJ/kcal • 25 g Eiweiß
28 g Fett • 91 g Kohlenhydrate
24 g Ballaststoffe • 240 mg Cholesterin

Linseneintopf

Für 4 Portionen

200 g Linsen
1/2 l Gemüsebrühe
2 kleine fest kochende Kartoffeln
1 kleine Karotte
1 große Zwiebel
100 g Cocktailtomaten
3 EL Öl
200 g Schmant
Salz, weißer Pfeffer
1 EL Schnittlauchröllchen

Schmant ist löffelfeste saure Sahne mit einem Fettgehalt von mindestens 20 Prozent.

Zubereitungszeit 60 Minuten

❶ Die Linsen mit der Brühe aufkochen und zugedeckt in 40 Minuten fast weich garen. Kartoffeln und Karotte schälen, waschen und würfeln. Die Zwiebel schälen und hacken. Die Tomaten abziehen.

❷ Das Öl erhitzen und die Zwiebel darin glasig dünsten. Kartoffeln und Karotte zugeben und unter Rühren anbraten. Zu den Linsen geben und zugedeckt bei schwacher Hitze in 5 bis 10 Minuten weich garen.

❸ Tomaten und Schmant untermischen und erhitzen. Mit Salz und Pfeffer würzen und mit Schnittlauch bestreuen.

► **Pro Portion**
1835/439 kJ/kcal • 16 g Eiweiß
19 g Fett • 44 g Kohlenhydrate
10 g Ballaststoffe • 132 mg Cholesterin

Grüne Bohnensuppe

Für 4 Portionen

- 750 g breite Bohnen
- 1 Bund Bohnenkraut
- 1 EL Öl
- 1 l kräftige Gemüsebrühe (Instant)
- 50 g ganz dünne Suppennudeln
- Salz
- 50 g Sahne
- 1 EL Zitronensaft
- frisch gemahlener schwarzer Pfeffer

Die Suppe schmeckt am besten mit breiten Bohnen, die schräg in ganz feine Streifen geschnitten werden. Früher nannte man das »Schnippeln« und erledigte es mit dem Zusatzteil des Fleischwolfs. Heute haben manche Küchenmaschinen den entsprechenden Zusatz. Wer die Bohnen in Handarbeit schneiden will, muss etwa 45 Minuten mehr Arbeitszeit rechnen.

Zubereitungszeit 30 Minuten

❶ Die Bohnen waschen, putzen und in kleine Stücke schneiden. Das Bohnenkraut waschen und trockentupfen. Einige Blättchen abzupfen und beiseite legen.

❷ Das Öl in einem Topf erhitzen und die Bohnen darin kurz anbraten. Die Brühe zugießen. Das Bohnenkrautbund in die Suppe legen und alles aufkochen. Die Suppe zugedeckt bei schwacher bis mittlerer Hitze etwa 10 Minuten kochen, bis die Bohnen gerade eben bissfest sind.

❸ Die Suppennudeln in einem Topf in reichlich Salzwasser bissfest kochen, abgießen und kurz abtropfen lassen. Das Bohnenkraut aus der Suppe nehmen. Die Nudeln mit der Sahne und den abgezupften Bohnenkrautblättchen in die Suppe mischen und erhitzen, aber nicht mehr aufkochen. Die Suppe mit Zitronensaft, Salz und Pfeffer abschmecken.

► **Pro Portion**

773/185 kJ/kcal • 7 g Eiweiß
9 g Fett • 17 g Kohlenhydrate
7 g Ballaststoffe • 26 mg Cholesterin

Rote Linsensuppe mit Kräutern

Für 4 Portionen

- 100 g rote Linsen
- 1 l Gemüsebrühe
- 3 EL Zitronensaft
- 100 g saure Sahne
- 1 Päckchen gemischte TK-Kräuter
- Salz
- 1/2–1 TL Harissa oder Sambal Olek

Zubereitungszeit 20 Minuten

❶ Die Linsen mit der Brühe und dem Zitronensaft aufkochen und zugedeckt bei kleiner Hitze in 10 bis 15 Minuten weich, aber noch bissfest garen.

❷ Die Sahne und die Kräuter untermischen. Mit Salz und Harissa oder Sambal Olek scharf abschmecken.

► **Pro Portion**
579/139 kJ/kcal • 7 g Eiweiß • 5 g Fett
15 g Kohlenhydrate • 4 g Ballaststoffe
9 mg Cholesterin

Erbsensuppe mit Zuckerschoten

Für 4 Portionen

- 200 g geschälte grüne Trockenerbsen
- 3/4 l Gemüsebrühe
- 50 g Zuckerschoten
- 2 EL Butter
- 150 g süße Sahne
- 1/4 TL getrocknete Pfefferminze
- Salz, weißer Pfeffer
- 1 EL Zitronensaft

Zubereitungszeit 100 Minuten

❶ Die Erbsen in reichlich Wasser über Nacht einweichen. Abgießen, mit der Gemüsebrühe aufkochen und zugedeckt bei schwacher Hitze in etwa 90 Minuten weich garen.

❷ Die Zuckerschoten waschen, putzen und in Rauten schneiden. In einer Pfanne die Butter erhitzen und die Schoten darin bei geringer Hitze leicht braun braten.

❸ Die Erbsen pürieren. Sahne und Minze untermischen und erhitzen, aber nicht aufkochen. Die Suppe mit Salz, Pfeffer und Zitronensaft abschmecken. Die Zuckerschoten darauf anrichten.

► **Pro Portion**
1639/392 kJ/kcal • 11 g Eiweiß
28 g Fett • 31 g Kohlenhydrate
7 g Ballaststoffe
58 mg Cholesterin

TIP

Nehmen Sie einfach Pfefferminztee – entweder lose oder aus dem Teebeutel – zum Würzen, indem Sie die Blättchen zwischen den Fingern fein zerreiben.

Linsen mit Gemüse

Wie alle Hülsenfrüchte liefern Linsen viel Kalium und Eisen. Das Vitamin C in den Freilandtomaten sorgt dafür, dass der Organismus diesen Mineralstoff auch aufnehmen kann.

Für 4 Portionen

1 große Zwiebel
1 rote Chilischote
2 EL Olivenöl
100 g grüne oder braune Linsen
1 TL gemahlener Kreuzkümmel
1 EL Paprikaflocken oder 1/2 EL Paprikapulver
Salz
600 g Tomaten
500 g gelber Gartenkürbis oder Zucchini
300 g Spinat
1 EL gehackte Pfefferminze oder Petersilie

Zubereitungszeit 75 Minuten

❶ Die Zwiebel abziehen und fein hacken. Die Chilischote halbieren, von allen Kernen und Trennwänden befreien, waschen und in feine Streifen schneiden. Das Olivenöl in einem Topf erhitzen. Die Zwiebel und die Chilischote darin bei mittlerer Hitze anbraten, bis die Zwiebelwürfel glasig sind.

Linsen einmal ganz anders – vereint mit Tomaten, Kürbis und Spinat und pikant gewürzt mit Kreuzkümmel, Chili und Paprikaflocken (Seite 131).

❷ Die Linsen unter Rühren kurz mitbraten. Den Kreuzkümmel, die Paprikaflocken, Salz und 1/4 l Wasser zugeben und einmal kräftig aufkochen. Die Linsen zugedeckt bei mittlerer bis schwacher Hitze etwa 45 Minuten garen, bis sie fast weich sind.

❸ Die Tomaten abziehen und grob zerkleinern. Den Kürbis schälen, putzen und würfeln. Den Spinat verlesen, waschen und zerkleinern.

❹ Die Tomaten und den Kürbis zu den Linsen geben, erneut aufkochen und zugedeckt etwa 15 Minuten garen, bis der Kürbis gerade eben weich ist. Den Spinat darunter mischen und einmal kräftig aufkochen, bis er intensiv grün ist. Den Eintopf mit Salz abschmecken und mit der Pfefferminze bestreut sofort servieren.

► Pro Portion

905/217 kJ/kcal • 12 g Eiweiß
6 g Fett • 26 g Kohlenhydrate
10 g Ballaststoffe • 0 mg Cholesterin

Linsenvielfalt

Meist können Sie drei Sorten Linsen kaufen: Große grüne oder braune Tellerlinsen, gewölbte kleine Berglinsen mit braungrüner, fast schwarzer Schale und kleine, orangefarbene Linsen. Diese sind geschält in etwa 15 Minuten gar und eignen sich gut für Cremesuppe und Püree. Ungeschälte rote Linsen garen genauso lange wie die anderen Sorten.

Dicke Bohnen mit Semmelbröseln

Für 3 Portionen

- 2 EL Butter oder 3 EL Öl
- 1 Paket TK-Dicke Bohnen (300 g)
- Salz, weißer Pfeffer
- 1 Msp. gemahlene Muskatblüte
- 1 Msp. gemahlener Kardamom
- 4 EL Gemüsebrühe
- 1/2 Bund Petersilie
- 2 EL Semmelbrösel

Frische Dicke Bohnen in den Schoten gibt es im Sommer: In den leicht behaarten, etwa 20 cm langen Hülsen sitzen 4 bis 6 große weiße oder grüne Samen. Am besten schmecken die Sorten, die sich beim Kochen braun färben. Für 300 g Bohnenkerne brauchen Sie 600 bis 750 g Schoten.

Zubereitungszeit 20 Minuten

❶ In einem Topf etwa ein Drittel des Fetts erhitzen. Die gefrorenen Bohnen darin bei mittlerer Hitze einige Sekunden anbraten und mit Salz, Pfeffer, Muskatblüte und Kardamom würzen. Die Brühe zugeben, aufkochen und die Bohnen zugedeckt bei schwacher Hitze etwa 10 Minuten kochen.

❷ Die Petersilienblättchen waschen, trocknen und fein hacken. Das restliche Fett erhitzen und die Semmelbrösel darin goldbraun braten. Mit der Petersilie mischen.

❸ Die Bohnen in einer Schüssel anrichten und die Brösel darüber verteilen.

► Pro Portion

1739/416 kJ/kcal • 27 g Eiweiß
11 g Fett • 47 g Kohlenhydrate
21 g Ballaststoffe • 24 mg Cholesterin

Bohnenmus mit Kokosmilch

Für 6 Portionen

- 500 g schwarze Bohnen
- 200 ml Kokosmilch (Dose)
- etwa 1 TL Salz
- 1 EL Zitronensaft
- etwa 2 EL brauner Rohrzucker

Zubereitungszeit 120 Minuten

❶ Die Bohnen zugedeckt 6 Stunden in 1 1/2 l Wasser quellen lassen. Mit dem Einweichwasser aufkochen und zugedeckt bei schwacher Hitze in 90 Minuten sehr weich kochen.

❷ Die Bohnen mit dem Kochwasser im Mixer sehr fein pürieren. Mit Kokosmilch, Salz, Zitronensaft und Zucker mischen und das Püree bei mittlerer bis schwacher Hitze dick einkochen. Dabei ständig rühren, damit das Püree nicht am Topfboden ansetzt. Nochmals mit Salz und Zucker abschmecken.

► Pro Portion

1166/279 kJ/kcal • 18 g Eiweiß
1 g Fett • 44 g Kohlenhydrate
19 g Ballaststoffe • 0 mg Cholesterin

Scharfes Bohnenmus

Für 4–6 Portionen

2 Dosen große weiße Bohnen
2 runde Tomaten
1 Bund Basilikum
1 Bund Petersilie
2 Stängel Bohnenkraut
1 kleine Zwiebel
1 Knoblauchzehe
2 EL milder Apfelessig
4 EL Olivenöl
Salz
Cayennepfeffer

Zubereitungszeit 15 Minuten

❶ Die Bohnen auf einem Sieb kalt abspülen und gut abtropfen lassen. Die Tomaten und die Kräuter waschen. Die Tomaten nicht abziehen, sondern nur die Stielansätze entfernen. Alles im Mixer oder Blitzhacker pürieren.

❷ Die Zwiebel und den Knoblauch abziehen, fein hacken und mit dem Bohnenpüree mischen. Das Püree mit Essig und Öl verrühren und mit Salz und einer kräftigen Prise Cayennepfeffer abschmecken.

► **Pro Portion**
1521/364 kJ/kcal • 19 g Eiweiß
12 g Fett • 41 g Kohlenhydrate
21 g Ballaststoffe • 0 mg Cholesterin

Vegetarische Hits

Auf dieser Doppelseite finden Sie Gerichte, die Sie ganz gewöhnlich mit Pellkartoffeln oder Brot servieren können. Wenn Sie in Stimmung für Ungewöhnliches sind, machen Sie es so:

• Die Dicken Bohnen mit Nudeln anrichten: Kräftige italienische Pasta wie etwa Pappardelle, Orechiette oder Cappeletti frisch kochen, heiß mit den Bohnen vermischen und mit grob geriebenem mittelaltem Pecorino bestreuen.
• Das Bohnenmus mit Kokosmilch als lateinamerikanische Spezialität zubereiten: Mit Reis als Beilage zu Gemüseeintopf oder zu mexikanischen Tortillas und gebratenem Gemüse servieren.
• Das scharf gewürzte Bohnenmus als vegetarische Canapés anrichten: Auf kleine geröstete Weißbrotscheiben setzen und mit Avocadofächern, Kressesträußchen, Zwiebelringen oder gerösteten Pistazienkernen garnieren.

Den Extrakt von Kokosnussfleisch gibt es als flüssige Kokosmilch in 400-ml-Dosen oder als feste Kokoscreme im 400-g-Block zu kaufen. Beides bekommen Sie in Asienläden, manchen Supermärkten und Feinkostgeschäften.

Bohnensoufflé

TIP

Zum Soufflé schmecken neue Kartoffeln oder Brot, selbst gemachter Kräuterjoghurt oder fertig gekauftes Tsatsiki.

Für 4 Portionen

- 1 große Dose weiße Bohnen mit Suppengrün
- 1 Bund Petersilie
- 50 g beliebige Nusskerne
- 1 Zwiebel
- 1 Knoblauchzehe, 3 Eier
- 200 g Greyerzer oder Bergkäse
- 1/2 Bund Bohnenkraut
- 1/2 TL gemahlener Koriander
- Salz, Cayennepfeffer
- 1 EL Speisestärke
- Fett für die Form

Zubereitungszeit 60 Minuten

❶ Die Bohnen abtropfen lassen, die Petersilie waschen. Beides mit den Nüssen pürieren. Zwiebel und Knoblauch schälen und fein hacken. Die Eier trennen. Den Käse reiben. Das Bohnenkraut waschen und fein hacken.

❷ Das Püree mit Zwiebel, Knoblauch, Eigelben, Bohnenkraut, Koriander, Salz und Pfeffer verrühren. Die Eiweiße steif schlagen und zufügen. Käse und Speisestärke vorsichtig unterheben.

❸ Das Bohnenpüree in eine gefettete hohe Auflaufform geben, glattstreichen und in den kalten Backofen (untere Schiene) stellen. Bei 180 °C (Umluft 160 °C, Gas Stufe 2) etwa 45 Minuten backen, bis es schön gebräunt ist.

Im Handumdrehen vorbereitet und im Ofen ist dieses köstliche Soufflé aus weißen Bohnen und aromatischem Käse (Seite 135).

► Pro Portion
3065/733 kJ/kcal • 48 g Eiweiß
29 g Fett • 61 g Kohlenhydrate
28 g Ballaststoffe • 235 mg Cholesterin

Hülsenfrüchte

Bohnen, Erbsen, Kichererbsen und Linsen gehören zu den Pflanzen, die am meisten Eiweiß und eine Menge Kohlenhydrate zum Sattwerden liefern. Dazu kommen reichlich Ballaststoffe, die vielen Menschen allerdings Probleme machen. Es hilft, wenn Sie das Einweichwasser weggießen, denn die Ballaststoffe, die das unangenehme Grummeln im Bauch verursachen, sitzen vorwiegend in den Schalen und wandern beim Quellen ins Einweichwasser. Zum Kochen nehmen Sie dann frisches Wasser oder Gemüsebrühe. Püriert – für eine Suppe oder als Soufflé – sind Hülsenfrüchte ebenfalls leichter verträglich. Doch vor allem Gewürze und Kräuter wie Basilikum, Fenchel, Anis, Ingwer, Kardamom, Koriander, Kümmel, Rosmarin und Thymian fördern den Genuss und die gute Verdauung.

Bohnengulasch mit Grießklößchen

Für 4 Portionen

- 1 Päckchen getrocknete Spitzmorcheln oder Mischpilze (ca. 20 g)
- 500 g grüne Bohnen
- 2 Schalotten oder kleine Zwiebeln
- 1 Knoblauchzehe
- 1 Bund Petersilie
- 2 Tomaten
- 40 g weiche Butter oder Pflanzenmargarine
- 75 g Hartweizengrieß
- 1 Ei
- Salz, geriebene Muskatnuss
- 2 EL Öl
- evtl. Semmelbrösel
- 100 g Crème fraîche
- weißer oder schwarzer Pfeffer

Bohnen muss man mindestens zehn Minuten garen, denn roh enthalten sie Phasin, einen giftigen Stoff, der das Blut schädigt. Durch Kochen, Schmoren oder Braten wird das Phasin unschädlich gemacht.

Zubereitungszeit 60 Minuten

❶ Die Morcheln in 1/8 l Wasser einweichen. Die Bohnen waschen, putzen und in etwa 5 cm lange Stücke schneiden. Die Schalotten und den Knoblauch schälen und fein zerkleinern. Die Petersilie waschen, trockentupfen und fein hacken. Die Tomaten abziehen und würfeln.

❷ Für die Klößchen das Fett schaumig rühren und 1 Esslöffel Grieß untermischen. Das Ei, den restlichen Grieß, 1/2 Esslöffel gehackte Petersilie, Salz und Muskat untermischen und den Teig zugedeckt 10 Minuten quellen lassen.

❸ Die Morcheln mit den Fingern aus dem Wasser nehmen, auf einem Sieb kalt abspülen und abtropfen lassen. Das Einweichwasser zum Schmoren beiseite stellen.

❹ Das Öl in einem großen Topf erhitzen. Schalotten und Knoblauch darin bei schwacher Hitze glasig braten. Die Pilze zugeben und kurz mitbraten. Das Einweichwasser so zugießen, dass der aus den Pilzen gelöste Sand zurückbleibt. Die Pilze aufkochen und zugedeckt bei schwacher 10 Minuten schmoren.

❺ In einem Topf reichlich Salzwasser zum Kochen bringen. Den Grießteig mit angefeuchteten Händen zu

walnussgroßen Klößchen formen. Falls der Teig zu weich ist und an den Händen klebt, teelöffelweise Semmelbrösel untermischen. Die Klößchen bei schwacher Hitze ohne Deckel 5 Minuten leicht kochen und weitere 15 Minuten bei schwächster Hitze ziehen lassen.

❻ Inzwischen die Bohnen in reichlich sprudelnd kochendem Salzwasser in 10 bis 15 Minuten bissfest kochen. Abgießen, abtropfen lassen und auf einer vorgewärmten Platte warm halten.

❼ Tomaten, Crème fraîche und zwei Drittel der Petersilie zu den Pilzen geben und zugedeckt erhitzen. Mit Salz und Pfeffer würzen, locker mischen und auf den Bohnen verteilen. Die Klößchen auf den Bohnen anrichten und mit der restlichen Petersilie bestreuen.

► **Pro Portion**
1577/377 kJ/kcal • 10 g Eiweiß
28 g Fett • 27 g Kohlenhydrate
7 g Ballaststoffe
91 mg Cholesterin

Erbsenpüree

Für 4 Portionen

- 300 g geschälte gelbe Erbsen
- 3/4 l Gemüsebrühe
- 1 Zwiebel, 1 Knoblauchzehe
- 1 kleines Bund Suppengrün
- 1 Scheibe Weißbrot, 5 EL Öl
- 2 EL süße Sahne
- Salz, weißer Pfeffer
- 1–2 EL Apfelessig

Zubereitungszeit 100 Minuten

❶ Die Erbsen über Nacht einweichen. Abgießen und in der Brühe zugedeckt bei schwacher Hitze in 90 Minuten weich garen.

❷ Zwiebel und Knoblauch schälen. Die Zwiebel in Ringe schneiden, den Knoblauch hacken. Das Suppengrün waschen und fein zerkleinern. Das Brot würfeln. 3 Esslöffel Öl erhitzen und Zwiebel, Knoblauch und Gemüse bei schwacher Hitze unter Rühren in etwa 10 Minuten goldbraun braten. Das Brot im restlichen Öl knusprig rösten.

❸ Die Erbsen pürieren. Mit Sahne, Salz, Pfeffer und Essig abschmecken. Gemüse und Brot darauf legen.

► **Pro Portion**
1902/455 kJ/kcal • 21 g Eiweiß
18 g Fett • 46 g Kohlenhydrate
15 g Ballaststoffe • 9 mg Cholesterin

Vollkornbrot liefert viel mehr Vitamine und Mineralstoffe und zweimal so viele Ballaststoffe wie Weißbrot.

TIP

Zum Erbsenpüree mit Gemüse passen Kartoffelpuffer und Sauerkraut.

Kichererbsen mit Kräuterjoghurt

Zu Hülsenfrüchten passen am besten Brot oder Kartoffeln. Reis schmeckt nicht so gut dazu.

Für 4 Portionen

1 Stück Knollensellerie (ca. 300 g)
1 Stück Kürbis (ca. 400 g)
2 Stangen Porree
1 große Zwiebel
1 Knoblauchzehe
1 Orange
2 EL Maiskeimöl
2 kleine Dosen Kichererbsen
1/8 l Gemüsebrühe
1 TL gemahlener Kümmel
1/2 TL Zimtpulver
Salz, Cayennepfeffer
1 Kästchen Gartenkresse
1/2 Bund Schnittlauch
300 g Naturjoghurt (3,5 %)
100 g Crème fraîche
etwas Zucker

Zubereitungszeit 45 Minuten

❶ Den Sellerie und den Kürbis schälen, waschen und in dünne Stifte schneiden. Den Porree putzen, waschen und in fingerdicke Stücke schneiden. Die Zwiebel und den Knoblauch abziehen und fein hacken. Die Orange auspressen.

Bei Kichererbsen aus der Dose entfällt die lange Vorweichzeit, und Gemüse und Kräuterjoghurt sind schnell zubereitet (Seite 139).

❷ Das Öl in einem Topf erhitzen und Zwiebel und Knoblauch darin bei schwacher Hitze glasig dünsten. Kürbis, Sellerie und Porree zugeben und anbraten, bis der Porree glasig ist. Die abgetropften Kichererbsen, Gemüsebrühe, Orangensaft, Kümmel, Zimt, Salz und Cayennepfeffer zugeben und aufkochen. Das Gemüse zugedeckt bei mittlerer bis schwacher Hitze in etwa 10 Minuten bissfest garen.

❸ Die Kresse abschneiden. Den Schnittlauch waschen, trocknen und in feine Röllchen schneiden. Joghurt und Crème fraîche verrühren, Kresse und Schnittlauch untermischen und mit Salz, Zucker und Cayennepfeffer abschmecken. Das Kichererbsengemüse auf vorgewärmten Tellern anrichten, den Joghurt dazu servieren.

► **Pro Portion**
1729/414 kJ/kcal • 15 g Eiweiß
19 g Fett • 41 g Kohlenhydrate
14 g Ballaststoffe • 16 mg Cholesterin

TIP

Wir verlieren pro Tag etwa zwei Liter Wasser – einen Teil durch Schwitzen, einen Teil durch den Stoffwechsel: Einen Liter nehmen wir durch die Nahrung auf, den zweiten müssen wir trinken. Wer viel Hülsenfrüchte, Gemüse und Getreide isst, sollte noch einen halben Liter zugeben, denn bei ballaststoffreichem Essen benötigt man viel Flüssigkeit.

Hülsenfrüchte mit Maisschmarren

Bohnen und Kichererbsen aus der Dose oder dem Glas können Sie ohne weiteres verwenden: Industriell gegarte Hülsenfrüchte enthalten meist mehr Vitamine als selbst gekochte.

Für 4 Portionen

Schmarren:

1/4 l Gemüsebrühe
Salz
1 EL Butter oder Pflanzenmargarine
100 g Maisgrieß (Polenta)
1–2 EL TK-Maiskörner
Fett für das Blech

Hülsenfrüchte:

75 g geschälte halbe Trockenerbsen
1 Knoblauchzehe
1/2 l Gemüsebrühe
75 g Berglinsen
1 Stängel Rosmarin
100 g dünne grüne Bohnen
100 g Zuckerschoten
1 Bund Frühlingszwiebeln
2 EL Olivenöl
200 g Crème fraîche
Salz
frisch gemahlener Pfeffer
1 kleine Dose rote Bohnen
1/2 Päckchen tiefgefrorene Kräuter der Provence
1 EL Butter oder Pflanzenmargarine
2 EL Zitronensaft
3 EL Öl
1 Tomate
1 Bund Basilikum

Zubereitungszeit 100 Minuten

❶ Die Brühe mit Salz und Butter aufkochen. Den Maisgrieß unter Rühren langsam zugeben und aufkochen. Zugedeckt bei schwacher Hitze etwa 45 Minuten ausquellen lassen, bis sich der Brei vom Topfboden löst. Die gefrorenen Maiskörner untermischen. Den Maisbrei auf ein gefettetes Backblech streichen und trocknen lassen, bis die Hülsenfrüchte gar sind.

❷ Die Erbsen mit der ungeschälten Knoblauchzehe und der Hälfte der Gemüsebrühe aufkochen und zugedeckt bei schwacher Hitze in 45 Minuten weich garen. Inzwischen die Linsen mit dem Rosmarin und der restlichen Brühe aufkochen und in etwa 50 Minuten ebenfalls weich garen.

❸ Grüne Bohnen, Zuckerschoten und Frühlingszwiebeln waschen und putzen. Bohnen und Zwiebeln in etwa 3 cm lange Stücke schneiden, dabei das saftige Grün der Zwiebeln mitverwenden.

❹ Das Olivenöl in einem Topf erhitzen und die grünen Bohnen darin anbraten. Die Hälfte der Crème fraîche, Salz und Pfeffer zugeben, aufkochen und die Bohnen zugedeckt bei schwacher Hitze 10 Minuten garen.

❺ Die roten Bohnen in einem Sieb kalt abspülen, abtropfen lassen, untermischen und erhitzen. Mit den Kräutern würzen.

❻ Die Butter in einer Pfanne erhitzen und die Zuckerschoten und Zwiebeln darin bei mittlerer Hitze etwa 5 Minuten unter ständigem Rühren braten. Mit Zitronensaft, Salz und Pfeffer würzen und warm halten.

❼ Das Öl in einer großen Pfanne erhitzen. Den Maisbrei einfüllen, glattstreichen und bei mittlerer bis schwacher Hitze 5 Minuten an der Unterseite backen. Mit zwei Gabeln in Stücke teilen und bei mittlerer bis starker Hitze unter häufigem Wenden in etwa 5 Minuten goldbraun und knusprig braten. Den Maisschmarren zugedeckt warm halten.

❽ Die Tomate abziehen und würfeln, das Basilikum waschen, trockentupfen und grob zerkleinern. Die Zuckerschoten mit dem Rest der Crème fraîche und 1 Esslöffel Basilikum vermischen. Die Linsen mit den Tomatenwürfeln und grob gemahlenem Pfeffer mischen.

❾ Die Hülsenfrüchte auf einer großen, vorgewärmten Platte kreisförmig anrichten und den Maisschmarren in die Mitte geben. Alles mit dem restlichen Basilikum bestreuen und sofort servieren.

► **Pro Portion**

3104/743 kJ/kcal • 27 g Eiweiß
39 g Fett • 64 g Kohlenhydrate
20 g Ballaststoffe • 38 mg Cholesterin

Wer zu Gicht neigt, muss Hülsenfrüchte meiden, denn manche enthalten so viele Purine (Harnsäure) wie Leber oder Krustentiere.

Tofusuppe mit Kokosmilch

In Südostasien und im Pazifik würzt man mit den aromatischen Blättern verschiedener Zitrusarten. Bei uns gibt es in Asienläden vor allem die Blätter der Kaffirlimette frisch zu kaufen – einer Limette mit runzliger, ziemlich dicker, grüner Schale. Zitronenblätter können Sie ganz oder zerkleinert garen.

Für 4 Portionen

- 100 g Austernpilze
- 3 Schalotten
- 1 Stück frischer Galgant oder Ingwer
- 2 EL Erdnussöl
- 100 g Tofu
- 400 ml Kokosmilch aus der Dose
- 5 Zitronenblätter, ersatzweise fein geschnittene Schale von 1/4 unbehandelten Zitrone
- 1 Tomate
- 1 TL Salz
- 1 Prise Zucker
- 1 EL Zitronensaft

Zubereitungszeit 30 Minuten

❶ Die Pilzstiele entfernen und die Pilzhüte würfeln. Die Schalotten schälen und vierteln. Den Galgant wie eine Kartoffel schälen und in dünne Scheiben schneiden.

❷ Das Öl in einer Pfanne erhitzen und den Tofu darin bei mittlerer bis schwacher Hitze auf beiden Seiten braun anbraten. Auf einem Teller beiseite stellen. Pilze und Schalotten im Bratöl unter Rühren rösten und herausnehmen. 125 ml Wasser in die Pfanne gießen und den Bratfond damit loskochen. Mit der Kokosmilch mischen und die Suppe in einem Topf aufkochen.

❸ Den Tofu in dünne Scheiben schneiden und mit Pilzen, Schalotten, Galgantscheiben und Zitronenblättern in die Kokossuppe geben. Alles 5 Minuten kochen.

❺ Die Tomate abziehen, achteln und in der Suppe heiß werden lassen, aber nicht aufkochen. Die Suppe mit Salz, Zucker und Zitronensaft abschmecken und sofort servieren.

► **Pro Portion**

560/134 kJ/kcal • 4 g Eiweiß
7 g Fett • 14 g Kohlenhydrate
2 g Ballaststoffe • 0 mg Cholesterin

Galgant

Der Verwandte des Ingwers kam vermutlich im 14./15. Jahrhundert durch die Araber nach Europa und lag aufgrund seines kräftigen Geschmacks im Trend der würzfreudigen Renaissance-Küche. Als das Essen milder wurde, haben die Köche ihn vergessen. Unserer Vorliebe für die südostasiatische Küche verdankt er nun sein Comeback – in Thailand und Indonesien ist die weiße, zart rosa angehauchte Knolle mit der sanften Schärfe und dem leichten Rosenduft viel beliebter als Ingwer.

Die Suppe aus Kokosmilch mit Tofu, Zitronenblättern, Pilzen und Tomaten stammt aus der thailändischen Küche (Seite 143).

Drei Tofu-Variationen aus Asien: In der linken Spalte ein Tofu-Essen aus Korea, rechts daneben eines aus Thailand und auf Seite 145 eine Tofusuppe aus Japan.

Gebratener Tofu

Für 4 Portionen
500 g Tofu
2 Frühlings- oder Lauchzwiebeln
1 Knoblauchzehe
3 EL Sesamöl
1 TL Speisestärke
100 ml Gemüsebrühe
frisch gemahlener schwarzer Pfeffer
2 EL helle Sojasauce

Zubereitungszeit 25 Minuten

❶ Den Tofu in mundgerechte Stücke schneiden. Die Zwiebeln putzen, waschen und mit dem Grün in feine Ringe schneiden. Den Knoblauch schälen und zerdrücken.

❷ Das Öl erhitzen und die Zwiebeln darin bei schwacher Hitze leicht braun anbraten. Tofu und Knoblauch zugeben und braten, bis der Tofu goldbraun ist. Die Speisestärke mit 1 Esslöffel Wasser glattrühren, mit der Brühe zum Tofu geben und kurz aufkochen. Mit Pfeffer und Sojasauce würzen.

► **Pro Portion**

779/186 kJ/kcal • 11 g Eiweiß
13 g Fett • 5 g Kohlenhydrate
2 g Ballaststoffe • 0 mg Cholesterin

Sojasprossen mit Tofu

Für 2 Portionen
500 g Sojasprossen
1 rote Zwiebel
2 Knoblauchzehen
250 g Tofu
3 EL Pflanzenöl
1 TL Zucker
3 EL helle Sojasauce

Zubereitungszeit 25 Minuten

❶ Die Sojasprossen kalt abspülen und abtropfen lassen. Die Zwiebel schälen, halbieren und in feine Scheiben schneiden. Den Knoblauch schälen und sehr fein hacken. Den Tofu in etwa 2 cm breite Streifen schneiden.

❷ Das Öl in einer Pfanne erhitzen. Den Tofu darin unter Wenden etwa 5 Minuten braten und an den Rand der Pfanne schieben. Den Knoblauch in der Pfannenmitte kurz anbraten. Sojasprossen, Zwiebel, Zucker und Sojasauce untermischen und alles 4 Minuten garen. Dazu Reis servieren.

► **Pro Portion**

1858/445 kJ/kcal • 29 g Eiweiß
25 g Fett • 22 g Kohlenhydrate
8 g Ballaststoffe
0 mg Cholesterin

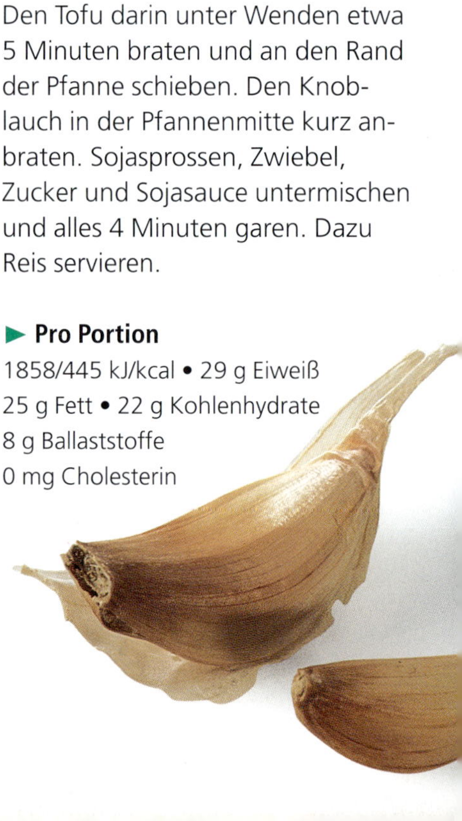

Misosuppe mit Tofu und Wakame

Für 4 Portionen

1 EL getr. Wakame, 75 g Miso
125 g Tofu, 800 ml Gemüsebrühe,
1 EL Schnittlauchröllchen

Zubereitungszeit 15 Minuten

❶ Wakame in warmem Wasser 10 Minuten einweichen.

❷ Den Tofu in kleine Würfel schneiden. Die Brühe kochen und das Miso darin auflösen.

❸ Wakame mit dem Tofu in der Brühe kurz aufkochen. Mit Schnittlauch bestreut sofort servieren.

► **Pro Portion**
241/58 kJ/kcal • 5 g Eiweiß
4 g Fett • 2 g Kohlenhydrate
3 g Ballaststoffe • 0 mg Cholesterin

Eine Suppe aus Japan, wo man statt normaler Gemüsebrühe Seetangbrühe mit Kombu verwendet, die es auch bei uns als Pulver in japanischen Lebensmittelgeschäften zu kaufen gibt. Das getrocknete Meeresgemüse Wakame und die Würzpaste Miso bekommen Sie in Naturkostgeschäften.

Soja-Vielfalt

❶ Festen Tofu aus gelben Sojabohnen kann man braten, schmoren, kochen und frittieren.

❷ Sprossen der Echten Sojabohne und der Mungbohne schmecken als Gemüse und Salat.

❸ Tempeh, eine indonesische Spezialität aus gekeimten Sojabohnen, wird wie Tofu zubereitet.

❹ Vollfettes Mehl aus gelben Sojabohnen bindet Saucen und ersetzt im Kuchenteig die Eier.

❺ Helle, salzige Sojasauce kann Salz, dunkle, süße Sojasauce Zucker ersetzen.

❻ Japanisches Miso oder Chiang aus China sind würzige Pasten aus Soja und/oder Getreide.

Obst und Nüsse

Birnensuppe mit Kiwis

Für 4 Portionen
1 unbehandelte Zitrone
500 g feste Birnen
100 g Zucker
250 g saure Sahne
1 TL Speisestärke
Salz
1/4 TL Zimtpulver
4 Kiwis
1/4 TL Kakaopulver

Zubereitungszeit 45 Minuten

❶ Die Zitrone waschen und ein etwa 5 cm großes Stück Schale abschneiden. Den Saft auspressen. Die Birnen schälen, entkernen und in Stücke schneiden. Mit 3/4 l Wasser, Zucker, Zitronensaft und -schale aufkochen und zugedeckt bei schwacher Hitze in etwa 20 Minuten weich kochen.

❷ Saure Sahne und Speisestärke vermischen und zufügen. Unter Rühren nochmals kurz aufkochen, mit einer Prise Salz und Zimt abschmecken und abkühlen lassen. Die Kiwis schälen, in Scheiben schneiden und auf die Suppe legen. Mit dem Kakao bestreut servieren.

► **Pro Portion**
1288/308 kJ/kcal • 4 g Eiweiß
7 g Fett • 53 g Kohlenhydrate
6 g Ballaststoffe • 23 mg Cholesterin

Milchreis mit Kirschensauce

Für 3 Portionen
1 unbehandelte Zitrone
etwa 800 ml Milch
20 g Butter
1 EL Zucker
200 g Rundkornreis
400 g Kirschen
2–3 EL Puderzucker

Zubereitungszeit 40 Minuten

❶ Die Zitrone waschen, abtrocknen und ein großes Stück Schale dünn abschneiden. Den Saft auspressen.

❷ Milch, Butter, Zucker und Zitronenschale unter Rühren zum Kochen bringen. Den Reis zugeben und zugedeckt bei schwächster Hitze 25 Minuten garen, bis er weich, aber noch körnig und ziemlich feucht ist. Gegebenenfalls während des Garens noch Milch zugießen.

❸ Inzwischen die Kirschen waschen, abzupfen und entsteinen. Im Mixer oder mit dem Schneidestab des Handrührers pürieren. Mit Puderzucker und Zitronensaft verrühren.

► **Pro Portion**
2604/623 kJ/kcal • 15 g Eiweiß
16 g Fett • 97 g Kohlenhydrate
3 g Ballaststoffe • 47 mg Cholesterin

TIP

Der Milchreis wird heiß oder kalt mit der kalten Kirschensauce serviert.

Exotensalat

Für 6 Portionen

1 Kiwi
1 kleine Mango
4 frische Datteln
1 Sharonfrucht
150 g frische Ananas
2 reife Karambolen
1 Granatapfel
2 cl Orangenlikör oder Fruchtsaft
1/2–1 EL Honig
3 EL Kokoschips

Zubereitungszeit 60 Minuten

Die leuchtend roten oder rosafarbenen Kerne des Granatapfels sind weich genug zum Essen und schmecken süßsäuerlich wie Johannisbeeren. Granatapfelsaft soll bei Magenschmerzen helfen. Achtung beim Auspressen: Der Saft hinterlässt auf Kleidung, Servietten und Tischdecken sehr hartnäckige braune Flecken.

❶ Kiwi und Mango schälen. Die Kiwi in Scheiben, die Mango in Schnitzen vom Kern schneiden.

❷ Die Datteln halbieren und in Streifen schneiden, dabei die Kerne entfernen. Die Sharonfrucht waschen und in Schnitze teilen. Die Schale der Ananas abschneiden, das Fruchtfleisch würfeln. Die Karambolen waschen und in Scheiben schneiden. Alle Früchte auf 6 Dessertteller verteilen.

❸ Den Granatapfel halbieren, einige Samen mit einem Löffel herausholen und auf dem Obst verteilen. Den Granatapfel auf einer Zitruspresse auspressen. Saft, Likör und Honig verrühren und über das Obst träufeln. Die Kokoschips darüber streuen.

► **Pro Portion**

950/227 kJ/kcal • 2 g Eiweiß
3 g Fett • 42 g Kohlenhydrate
6 g Ballaststoffe • 0 mg Cholesterin

Schön reif

❶ Reife Mangos sind rundherum weich und liegen wie eine Banane angenehm in der Hand.

❷ Reife Ananas duften und man kann die inneren Rosettenblätter herausziehen.

❸ Reife Karambolen sind bernsteinfarben und haben bräunliche »Sternspitzen«.

Obstsalat mit Krokant

Für 4 Portionen

- 1 EL Erdnuss- oder Sonnenblumenöl
- 2 EL kernige Haferflocken
- 2 EL gehackte Walnusskerne
- 1–2 EL Dattelsirup
- 3 EL Orangensaft
- evtl. 2 EL Orangenlikör
- 1 kleiner Apfel
- 1 mittelgroße Birne
- 1 Banane
- 1 Papaya

Zubereitungszeit 40 Minuten

❶ Für den Krokant in einer Pfanne das Öl erhitzen und Haferflocken und Nüsse darin bei schwacher Hitze goldgelb rösten. Die Pfanne von der Kochstelle nehmen. Den Sirup unter die Flocken mischen und den Krokant auskühlen lassen.

❷ Den Orangensaft nach Belieben mit dem Likör mischen. Den Apfel und die Birne vierteln, schälen, vom Kerngehäuse befreien, in Stücke schneiden und mit dem Saft mischen. Die Banane schälen und in Scheiben schneiden. Die Papaya halbieren und die Kerne herauslösen. Die Hälften schälen und würfeln. Alle Früchte mischen, auf 4 Dessertteller verteilen und den Krokant darüber streuen.

► **Pro Portion**

845/202 kJ/kcal • 3 g Eiweiß
5 g Fett • 31 g Kohlenhydrate
5 g Ballaststoffe • 0 mg Cholesterin

Dattelsirup

Der dickflüssige, äußerst aromatische dunkelbraune Sirup wird aus frisch geernteten, mit der Hand gepflückten Früchten gewonnen und wie Obstkraut oder Honig verwendet. Bei längerem Stehen bilden sich kleine Zuckerkristalle, die sich durch leichtes Erhitzen jedoch schnell wieder auflösen.

TIP

Den Sirup erst untermischen, wenn die Flocken goldgelb und von der Kochstelle genommen worden sind, sonst wird der Krokant zu dunkel.

Maisauflauf mit Äpfeln

TIP

Maisgrieß, Mehl und Milch müssen über Nacht im Kühlschrank quellen, damit der Auflauf locker wird.

Für 4 Portionen

125 feiner Maisgrieß (Polenta)
125 g Weizenmehl
600 ml Milch
500 g Äpfel
1/2 unbehandelte Zitrone
1 TL Vanillepulver
50 g Korinthen
75 g Butter oder Pflanzenmargarine
2 Eier
100 g Zucker
50 g Speisestärke
2 TL Backpulver
Fett für die Form

Zubereitungszeit 75 Minuten

❶ Den Maisgrieß und das Mehl in einer Schüssel mischen. Die Milch langsam zugießen und alles verrühren. Zugedeckt über Nacht im Kühlschrank quellen lassen.

❷ Die Äpfel schälen, entkernen und in kleine Stücke schneiden. Die Zitrone abreiben, den Saft auspressen. Apfelstücke, Zitronenschale und -saft, Vanille und Korinthen mischen. Das Fett schmelzen, leicht bräunen und abkühlen lassen. Die Eier trennen.

Ein süßes Hauptgericht ist der Maisauflauf mit Äpfeln – in kleineren Portionen kann man ihn auch als Dessert genießen (Seite 151).

❸ Die Maismehlmischung mit Zucker, Fett und Eigelben verrühren. Die Äpfel locker untermischen. Die Eiweiße steif schlagen und auf den Teig geben. Speisestärke und Backpulver mischen und darauf geben. Alles mischen und in eine gefettete, hohe Auflaufform geben.

❹ Den Auflauf in den kalten Backofen (untere Schiene) schieben und bei 180 °C (Umluft 160 °C, Gas Stufe 2) etwa 45 Minuten backen, bis er schön gebräunt ist.

► **Pro Portion**
3193/764 kJ/kcal • 18 g Eiweiß
29 g Fett • 101 g Kohlenhydrate
6 g Ballaststoffe • 189 mg Cholesterin

Kleine Apfelkunde

Beim Kuchenbelag, im Auflauf, als Kompott und bei Bratäpfeln zum Advent kommt es auf die richtige Sorte an:

- Roh schmecken am besten Braeburn, Idared, Elstar, Golden Delicious, Granny Smith, James Grieve, Jonagold und McIntosh.
- Für Mus und Kompott eignen sich Boskop, Glockenapfel, Gloster, Gravensteiner und Jonathan.
- Für Apfelschmarren, Auflauf, Bratäpfel, Strudel und Kuchenbelag nimmt man Boskop, Cox Orange, Glockenapfel, Goldparmäne, Ingrid Marie und Roten Berlepsch.

Quarksoufflé

Für 8 Portionen
2 reife Pfirsiche
Fett für die Form
1 EL Sanddornsirup
4 Eier
350 g Quark (20 %)
1 EL Orangensaft
125 g Zucker
2 EL Vanillepuddingpulver
150 g süße Sahne

Zubereitungszeit 75 Minuten

Pfirsiche mit weißem Fleisch schmecken besser und haben festeres Fleisch als die gelben Früchte.

❶ Die Pfirsiche abziehen, halbieren und entsteinen. Die Hälften in Spalten schneiden und in eine gefettete, hohe Auflaufform legen. Mit dem Sanddornsirup beträufeln.

❷ Die Eier trennen. Den Quark mit Eigelben, Orangensaft, 2 Esslöffeln Zucker und dem Puddingpulver verrühren.

❸ Eiweiße und Sahne getrennt steif schlagen, dabei jeweils den restlichen Zucker zugeben. Die Quarkcreme mit dem Eischnee und der Sahne mischen und auf den Pfirsichen glattstreichen.

❹ Das Quarksoufflé in den kalten Backofen (untere Schiene) stellen und bei 180 °C (Umluft 160 °C, Gas Stufe 2) in 35 bis 40 Minuten hellbraun backen. Das Soufflé noch weitere 5 Minuten im ausgeschalteten Backofen ruhen lassen und sofort servieren.

► **Pro Portion**
1066/255 kJ/kcal • 10 g Eiweiß
11 g Fett • 26 g Kohlenhydrate
1 g Ballaststoffe • 148 mg Cholesterin

Ohne Haut

Aprikosen und Pfirsiche zieht man genauso ab wie Tomaten: Die Früchte in eine Schüssel legen, mit kochendem Wasser übergießen und knapp 1 Minute darin ziehen lassen. Die Pfirsiche anschließend in ein Sieb geben und unter kaltem Wasser abschrecken – jetzt lässt sich die Haut gut entfernen. Wirklich ausgereifte Früchte kann man übrigens auch ohne Überbrühen leicht abziehen.

Aprikosen-gratin

Für 4 Portionen
- 500 g reife Aprikosen
- 2–3 EL Dattelsirup
- 2 EL kernige Müslimischung
- 1 Vanilleschote
- 2 Eier
- 100 g Rohr- oder Rübenzucker
- 125 g süße Sahne
- etwas abgeriebene unbehandelte Zitronenschale

Zubereitungszeit 40 Minuten

❶ Den Backofen auf 220 °C (Umluft 200 °C, Gas Stufe 5) vorheizen. Die Aprikosen abziehen, halbieren, die Steine entfernen und die Aprikosenhälften mit den Höhlungen nach oben in eine flache Gratinform geben.

❷ Den Dattelsirup in die Aprikosenhälften träufeln und die Müslimischung darüber streuen.

❸ Die Vanilleschote der Länge nach aufschneiden und das Mark mit einer Messerspitze herauskratzen. Die Eier trennen und die Eiweiße halb steif schlagen. Die Hälfte des Zuckers langsam zugeben und weiterschlagen, bis der Eischnee fest und cremig ist.

❹ Nacheinander die Eigelbe, die Sahne, das Vanillemark und die Zitronenschale zugeben. Die Eiercreme auf den Aprikosen verteilen und den restlichen Zucker darüber streuen.

❺ Das Gratin in den heißen Backofen (mittlere Schiene) stellen und etwa 20 Minuten überbacken, bis die Oberfläche schön goldgelb gebräunt ist.

► **Pro Portion**
1542/369 kJ/kcal • 7 g Eiweiß
14 g Fett • 51 g Kohlenhydrate
3 g Ballaststoffe • 154 mg Cholesterin

TIP

Welche Müslimischung Sie verwenden, ist für das Gelingen des Gratins egal. Gut schmecken kernige Mischungen, eventuell mit Knusperflocken. Schokomüsli schmilzt beim Backen und färbt das Gratin dunkel.

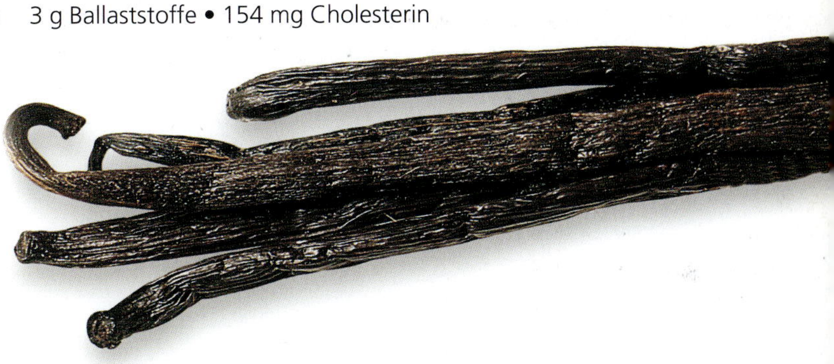

Quarkklößchen mit Mirabellen

Ohne Zucker zubereitet und mit brauner Butter und Semmelbröseln angerichtet, schmecken die Klößchen auch zu Salat.

Für 4 Portionen

Klößchen:
- 500 g Magerquark
- 150 g Mehl
- 1 Ei
- 1 EL Zucker
- Salz
- 1/2 TL abgeriebene unbehandelte Zitronenschale

Kompott:
- 500 g Mirabellen
- 2 EL Zitronensaft
- 1 Zimtstange
- 1/8 l Apfelsaft
- 1 TL Orangenpuddingpulver
- 1–2 EL Ahornsirup oder Honig

Zubereitungszeit 60 Minuten

❶ Den Quark auf ein Sieb geben und 20 Minuten abtropfen lassen. Mit dem Mehl, dem Ei, dem Zucker, einer Prise Salz und Zitronenschale verrühren und den Teig 30 Minuten zugedeckt ruhen lassen.

❷ Inzwischen die Mirabellen waschen und entsteinen. Mit dem Zitronensaft und der Zimtstange in einen Topf geben und aufkochen. Den Apfelsaft mit dem Puddingpulver verrühren, untermischen und erneut aufkochen. Die Zimtstange herausnehmen und das Kompott in einer Schüssel abkühlen lassen.

Das Kompott für die Quarkklößchen schmeckt am besten mit frischen Mirabellen, deren Haupterntezeit im Juni und Juli ist (Seite 155).

❸ In einem Topf reichlich Salzwasser zum Kochen bringen. Mit zwei Esslöffeln Klößchen vom Quarkteig abstechen und in das Wasser geben. Die Temperatur zurückschalten und die Klößchen im offenen Topf bei schwacher Hitze etwa 15 Minuten garen.

❹ Die Klößchen mit einem Schaumlöffel herausnehmen und auf vorgewärmten Tellern verteilen. Das Kompott mit etwa der Hälfte des Sirups mischen und neben den Klößchen anrichten. Den restlichen Sirup über die Klößchen verteilen.

► **Pro Portion**

1601/383 kJ/kcal • 23 g Eiweiß
3 g Fett • 59 g Kohlenhydrate
7 g Ballaststoffe • 61 mg Cholesterin

TIP

Seit einiger Zeit gibt es die so genannten »cholesterin-neutralen« Eier, die weniger Cholesterin enthalten. Bleiben Sie trotzdem beim Quantum von höchstens drei Eiern pro Woche, wie es die Ernährungswissenschaftler empfehlen, denn der Cholesteringehalt von rund 200 mg in den »cholsterin-neutralen« Eiern anstelle der üblichen 230 mg spielt für die Gesundheit praktisch keine Rolle.

Pfirsichdessert

Für 6 Portionen
1/2 l Milch
1 Packung Mandelpuddingpulver
100 g Rohr- oder Rübenzucker
500 g reife Pfirsiche
1 unbehandelte Zitrone
3 EL Erdbeerkonfitüre
150 g Quark (10 %)
200 g süße Sahne
50 g Mandelmakronen
50 g Edelbitterschokolade

Milch und Milchprodukte wie Quark und Sahne sind wichtige Magnesiumspender. Magnesium bringt den Energiestoffwechsel in Gang, so dass wir mehr leisten und bei Stress auch mehr wegstecken können, wenn wir reichlich mit diesem Mineralstoff versorgt sind.

Zubereitungszeit 45 Minuten

❶ Die Hälfte der Milch mit dem Puddingpulver glattrühren. Den Rest der Milch in einem Topf mit dem Zucker aufkochen. Den angerührten Pudding untermischen und unter Rühren aufkochen, bis die Milch dickflüssig wird. Abkühlen lassen und dabei häufig umrühren.

❷ Inzwischen die Pfirsiche abziehen, halbieren, entsteinen und in kleine Stücke schneiden. Reichlich Zitronenschale abreiben und die Zitrone auspressen. Den Saft mit der Konfitüre mischen.

❸ Den Pudding durch ein feines Sieb in eine Schüssel streichen. Die Zitronenschale und den Quark zufügen und alles mischen. Die Sahne steif schlagen und unterziehen.

❹ Die Makronen zerbröckeln. Schichtweise Mandelcreme, Pfirsiche und Makronen in eine Schüssel geben und mit der Mandelcreme abschließen. Das Dessert zugedeckt 60 Minuten in einem kühlen Raum ziehen lassen. Die Schokolade raspeln und darüber streuen.

► **Pro Portion**

1731/414 kJ/kcal • 9 g Eiweiß
19 g Fett • 49 g Kohlenhydrate
3 g Ballaststoffe • 50 mg Cholesterin

Gute Schokolade

Die Qualität einer Schokolade hängt von der Menge der dunklen Kakaobestandteile ab: Je dunkler sie ist, desto mehr Kakao und desto weniger Fett und Milchpulver enthält sie. In Naturkostläden und Reformhäusern gibt es Schokolade mit Vollrohrzucker statt weißem Zucker, echter Vanille statt Vanillearoma und Kakaobohnen aus kontrolliertem Anbau.

Holundergrütze

Für 4 bis 6 Portionen
250 g Holunderbeerdolden
6 Zwetschen
1 feste, reife Birne
100 g Zucker
1 Stück Zimtstange (ca. 5 cm lang)
4 Gewürznelken
1 TL Zitronensaft
1 EL Vanillepuddingpulver
3 EL süße Sahne

► **Pro Portion**
899/215 kJ/kcal
2 g Eiweiß
4 g Fett
41 g Kohlenhydrate
7 g Ballaststoffe
12 mg Cholesterin

Zubereitungszeit 45 Minuten

❶ Eine große Schüssel mit kaltem Wasser füllen. Die Dolden nacheinander vorsichtig darin schwenken, in ein Sieb legen und abtropfen lassen. Die Beeren mit den Händen von den Dolden zupfen.

❷ Die Zwetschen waschen, vierteln und entsteinen. Die Birne vierteln, schälen, entkernen und in schmale Spalten schneiden. Holunderbeeren, Zwetschen und Birnen mit dem Zucker, 3/8 l Wasser, Zimtstange, Nelken und Zitronensaft aufkochen und zugedeckt bei schwacher Hitze 20 Minuten garen.

❸ Das Puddingpulver mit 2 Esslöffeln kaltem Wasser verrühren, zum Obst gießen und unter Rühren aufkochen, bis es bindet. Die Zimtstange aus der Grütze nehmen und die Sahne untermischen.

Holunder

Die dichten Büsche wachsen wild an Waldrändern, aber auch in feuchten Misch- und Laubwäldern, auf Schuttplätzen und am Rand von Viehweiden. Die weißen Dolden mit den zarten Blütensternchen taucht man in Eierkuchenteig, bäckt sie wie Apfelbeignets und richtet sie mit Zimtzucker an. Aus den tiefschwarzen, vitaminreichen Beeren kocht man Kompott, Grütze, Saft und Gelee. Die Früchte können Sie von Ende August bis Ende September selbst sammeln. Wichtig: Nur dort pflücken, wo sie möglichst unbelastet von Industrie- und Autoabgasen sind. Und natürlich die Dolden immer vorsichtig abschneiden, um die Zweige der Büsche nicht zu verletzen.

Statt frischer Holunderbeeren kann man 3/8 l Holundersaft aus dem Naturkostladen nehmen. Heißer Holundersaft mit Honig ist übrigens ein gutes Mittel gegen Husten und Heiserkeit!

Reistorte mit Rhabarber

Dinkel ist robust und anspruchslos, gedeiht auch in rauen Lagen und ist ziemlich widerstandsfähig gegen Pilzerkrankungen – er braucht also nicht viel Dünger und Spritzmittel. Backen kann man damit genauso einfach wie mit Weizen.

Für 12 Stücke

Teig:
- 200 g Dinkelvollkornmehl
- 50 g Rohr- oder Rübenzucker
- abgeriebene Schale von 1/2 unbehandelten Zitrone
- Salz
- 100 g weiche Butter oder Pflanzenmargarine

Belag:
- 1 unbehandelte Zitrone
- 125 g Rundkornreis
- 3/8 l Milch
- 5 EL Honig
- 1/2 TL Vanillepulver
- 1 EL Aprikosenkonfitüre
- 800 g Rhabarber
- 2 Eier

Zubereitungszeit 130 Minuten

❶ Für den Teig das Mehl, den Zucker, die Zitronenschale, 1 Prise Salz, 6 Esslöffel Wasser und das Fett zu einem glatten Teig verkneten. Falls der Teig bröckelig ist, noch teelöffelweise 2 Esslöffel Wasser unterkneten. Eine ungefettete Springform von 28 cm Durchmesser mit dem Teig auskleiden, dabei einen etwa 3 cm hohen Rand formen. Den Teigboden mit einer Gabel mehrmals einstechen und kühl stellen, bis der Belag zubereitet ist.

In diesem Kuchen verbindet sich der säuerliche Rhabarber mit dem kräftigen Dinkelmehl und dem süßen Milchreis (Seite 159).

❷ Für den Belag die Zitronenschale abreiben, den Saft auspressen. Den Reis mit Milch, 3 Esslöffeln Honig, Vanille und der halben Zitronenschale aufkochen und zugedeckt bei schwacher Hitze 30 Minuten garen. 1 Esslöffel Zitronensaft und die Konfitüre untermischen. Den Reis abkühlen lassen.

❸ Den Rhabarber waschen und in fingerbreite Stücke schneiden. Mit 2 Esslöffeln Wasser, dem restlichen Honig und der übrigen Zitronenschale aufkochen. Zugedeckt bei schwacher Hitze 3 Minuten garen und abkühlen lassen.

❹ Den Teigboden in den kalten Backofen (mittlere Schiene) stellen und bei 200 °C (Umluft 180 °C, Gas Stufe 4) 10 Minuten vorbacken.

❺ Die Eier trennen und die Eiweiße steif schlagen. Zuerst die Eigelbe, dann den Eischnee unter den Reis rühren. Ein Drittel des Reisbreis auf dem Kuchenboden glatt streichen, den Rhabarber darauf verteilen und mit dem restlichen Reisbrei abdecken. Den Kuchen bei 160 °C (Umluft 150 °C, Gas Stufe 2) in etwa 50 Minuten fertig backen.

► Pro Portion

1032/248 kJ/kcal • 5 g Eiweiß
10 g Fett • 32 g Kohlenhydrate
3 g Ballaststoffe • 64 mg Cholesterin

Nusscrêpes mit Bananensauce

Für 4 Portionen

- 1/2 unbehandelte Zitrone
- 1 reife Banane
- 1 TL Honig
- 100 g Naturjoghurt (3,5%)
- 2 EL Orangenlikör
- je 50 g Haselnuss-, Walnuss- und Pistazienkerne
- 60 g Butter
- 2 EL Rohr- oder Rübenzucker
- 1/4 TL Vanillepulver
- 150 ml Milch
- 50 g süße Sahne
- 75 g Mehl
- 2 Eier
- Salz

Bei plötzlichem Hunger zwischendurch helfen Bananen. Die Früchte enthalten Zucker als schnellen Energiespender, Stärke zum Sattwerden und Ballaststoffe für die Verdauung.

Zubereitungszeit 40 Minuten

❶ Etwa 1 Teelöffel Zitronenschale abreiben. Den Zitronensaft auspressen. Die Banane schälen und mit Zitronensaft, Honig, Joghurt und Orangenlikör pürieren.

❷ Die Nusskerne fein hacken. Die Butter zerlassen, 2 Esslöffel in eine Pfanne geben und die Nüsse darin bei schwacher Hitze unter Rühren leicht rösten. Mit Zucker, Vanille und der Hälfte der Zitronenschale mischen und auf einen Teller geben.

❸ Milch und Sahne vermischen. Das Mehl durch ein Sieb einrieseln lassen und dabei ständig rühren. 1 Prise Salz, die restliche Zitronenschale, die Eier und 2 Esslöffel der flüssigen Butter untermischen.

❹ Eine kleine Pfanne ohne Fett heiß werden lassen und mit etwas flüssiger Butter auspinseln. Knapp 2 Esslöffel Teig zugeben und durch leichtes Schwenken verteilen.

❺ Die Crêpe zugedeckt bei mittlerer Hitze backen, bis sie an der Oberseite fest ist, wenden und offen fertig backen. Bei 50 °C im Backofen warm halten. Auf die gleiche Weise 7 weitere Crêpes backen, dabei die Pfanne vorher jedes Mal mit Butter bestreichen.

❻ Die Crêpes zusammenfalten und auf vorgewärmte Teller legen. Mit der Nussmischung bestreuen und mit der Sauce überziehen. Sofort servieren.

► **Pro Portion**

2527/605 kJ/kcal • 15 g Eiweiß
39 g Fett • 38 g Kohlenhydrate
5 g Ballaststoffe • 177 mg Cholesterin

Orangencreme mit Früchten

Für 4 Portionen

- 1/4 l Milch
- 2 gestrichene EL Orangenpuddingpulver
- 50 g Rohr- oder Rübenzucker
- Saft und abgeriebene Schale von 1 unbehandelten Orange
- 2 cl Orangenlikör oder weißer Fruchtsaft
- 150 g süße Sahne
- 300 g gemischte Beeren (Himbeeren, Brombeeren, Johannisbeeren, Erdbeeren, Stachelbeeren)
- 4 frische Feigen
- 1/2 EL flüssiger Honig

Zubereitungszeit 100 Minuten

❶ Für die Creme die Hälfte der Milch mit dem Puddingpulver glattrühren. Den Rest der Milch in einem Topf mit dem Zucker aufkochen. Das angerührte Puddingpulver untermischen und unter Rühren aufkochen, bis die Milch dickflüssig wird. Lauwarm abkühlen lassen, dabei häufig umrühren.

❷ Orangenschale und -saft mit dem Likör verrühren und unter die Creme mischen. Die Sahne steif schlagen und vorsichtig unterziehen. Die Creme zugedeckt 60 Minuten in den Kühlschrank stellen.

❸ Die Beeren waschen und verlesen. Die Feigen schälen und in Spalten schneiden. Creme auf Dessertteller verteilen, Obst darauf anrichten, Honig darüber träufeln.

► Pro Portion

1716/410 kJ/kcal • 4 g Eiweiß
14 g Fett • 59 g Kohlenhydrate
6 g Ballaststoffe
48 mg Cholesterin

In Naturkostläden und Reformhäusern bekommen Sie eine Menge verschiedener Süßmittel: Honig und Extrakte aus Getreide, Sirup von Datteln und Ahorn, dickes Mus aus Äpfeln, Birnen und Zuckerrüben, streufähigen braunen Zucker aus Zuckerrohr oder -rüben.

Quitten-Pie

Quitten-Pie schmeckt gerade eben abgekühlt mit Schlagsahne oder Eis am besten.

Für 4 Portionen

Teig:
300 g Weizenvollkornmehl
1 EL Rohr- oder Rübenzucker
Salz
150 g weiche Butter oder Pflanzenmargarine

Füllung:
800 g Quitten
4 EL Apfelsaft
2 EL Zitronensaft
1 TL Lebkuchengewürz
3 EL Honig oder Apfeldicksaft
2 EL süße Sahne

Zubereitungszeit 150 Minuten

❶ Für den Teig das Mehl mit dem Zucker, einer Prise Salz und dem Fett verkneten. Dabei 6 bis 8 Esslöffel Wasser zugeben, bis der Teig glatt und geschmeidig wird. Eine Pie- oder Springform von 24 cm Durchmesser mit zwei Dritteln des Teigs auslegen, dabei einen etwa 3 cm hohen Rand formen. Den Teigboden mit einer Gabel mehrmals einstechen.

Quitten, die gelben Herbstfrüchte, schmecken als Mus, Kompott, Gelee oder saftige Füllung für Kuchen und Pie *(Seite 163).*

❷ Für den Teigdeckel den Rest des Teigs zwischen zwei Lagen Klarsichtfolie ausrollen. Teigboden und -deckel 60 Minuten kühl stellen.

❸ Inzwischen für die Füllung die Quitten vierteln, schälen, entkernen und in Spalten schneiden. Die Quitten in einem Topf mit Apfel- und Zitronensaft aufkochen und zugedeckt bei kleiner Hitze 5 Minuten dünsten. Lebkuchengewürz und Honig untermischen.

❹ Den Teigboden in den kalten Backofen schieben und bei 200 °C (Umluft 180 °C, Gas Stufe 3) etwa 15 Minuten vorbacken. Die Quitten auf dem Teigboden verteilen. Den Teigdeckel auflegen, rundherum am Rand leicht fest drücken und mit Sahne bestreichen. Die Pie weitere 50 bis 60 Minuten backen.

► Pro Portion
2952/706 kJ/kcal • 10 g Eiweiß
36 g Fett • 77 g Kohlenhydrate
20 g Ballaststoffe • 98 mg Cholesterin

TIP

Für Pies eignen sich viele Obstsorten: Sauerkirschen, Äpfel, Stachelbeeren, Aprikosen, Johannisbeeren und Zwetschen. Vorgegart wie Quitten werden nur Äpfel und eventuell Aprikosen. Saftige Sauerkirschen und Beeren mischen Sie vor dem Backen mit einem Esslöffel Vanillepuddingpulver. Das gibt Aroma und Bindung, damit der Teigboden nicht zu weich wird.

Mandeltorte

Mandeln sind Favoriten bei der vollwertigen und vegetarischen Ernährung: Mit knapp 20 Prozent enthalten sie etwa so viel Eiweiß wie Mozzarellakäse; das hochwertige Fett reguliert den Fettstoffwechsel, mit ihrer Kalziummenge machen sie Joghurt Konkurrenz, und im Eisengehalt übertreffen sie mageres Lammfleisch.

Für 16 Stücke

Teig:

250 g Butter oder Pflanzenmargarine
300 g Mandeln
50 g Edelherbschokolade mit gerösteten Nüssen
4 Eier
100 g Rohr- oder Rübenzucker
1/4 TL Vanillepulver
Salz
abgeriebene Schale von 1 kleinen unbehandelten Zitrone
2 EL Zitronensaft
125 g Maisstärke
1/2 Päckchen Weinstein-Backpulver
Fett für die Form

Verzierung:

2 EL Aprikosenaufstrich (mit Apfeldicksaft gesüßt)
200 g süße Sahne
1 EL flüssiger Honig
300 g Erdbeeren

Zubereitungszeit 150 Minuten

❶ Das Fett schmelzen und wieder lauwarm abkühlen lassen. Die Mandeln fein mahlen, die Schokolade fein hacken.

❷ Eier und Zucker mit den Quirlen des Handrührgeräts sehr schaumig rühren, bis die Masse hellbraun und locker ist. Vanille, eine Prise Salz, Zitronenschale und -saft unterrühren. Mandeln, Schokolade, Maisstärke und Backpulver mischen und abwechselnd mit dem Fett unter die Eiermasse rühren.

❸ Den Teig in eine gefettete Springform füllen, in den kalten Backofen (untere Schiene) stellen und bei 170 °C (Umluft 150 °C, Gas Stufe 2) etwa 75 Minuten backen. Die Garprobe machen. Den Tortenboden herausnehmen und 10 Minuten ruhen lassen. Auf einem Kuchengitter auskühlen lassen.

❹ Den Tortenboden einmal quer halbieren, mit dem Aprikosenaufstrich bestreichen und wieder zusammensetzen. Die Sahne steif schlagen, locker mit dem Honig vermischen und auf der Torte verstreichen. Die Erdbeeren waschen, abzupfen und auf die Sahne legen.

► Pro Portion

1608/385 kJ/kcal • 6 g Eiweiß
30 g Fett • 20 g Kohlenhydrate
3 g Ballaststoffe • 111 mg Cholesterin

Pistazienhörnchen

Für 18 Stück

Teig:
- 60 g weiche Butter oder Pflanzenmargarine
- 80 g Rohr- oder Rübenzucker
- 250 g Dinkelvollkornmehl
- 1/2 Päckchen Weinstein-Backpulver
- 5–7 EL Milch
- Mehl zum Ausrollen
- Fett für die Bleche

Füllung:
- 50 g ungesalzene Pistazienkerne
- 1/2 TL Zimtpulver
- 1–2 EL Obstkraut

Zum Bestreichen:
- 2 EL süße Sahne
- 1 EL Obstkraut

Zubereitungszeit 100 Minuten

❶ Das Fett und den Zucker schaumig rühren. Mehl und Backpulver mischen. Zuerst 5 Esslöffel Milch, dann das Mehl unterrühren. Der Teig soll glatt sein und nicht am Finger haften; gegebenenfalls die restliche Milch unterrühren. Den Teig in Pergamentpapier wickeln und 30 Minuten kühl stellen.

❷ Die Pistazien fein mahlen und mit dem Zimt und so viel Obstkraut mischen, dass die Mischung gerade eben streichfähig, aber nicht flüssig ist.

❸ Den Teig auf einer leicht mit Mehl bestäubten Arbeitsfläche so dünn wie möglich ausrollen und zu 18 Quadraten von etwa 8 x 8 cm schneiden.

❹ Die Füllung auf die Quadrate streichen. Die Teigstücke von der Spitze her aufrollen, zu Hörnchen biegen und auf 2 gefettete Backbleche legen.

❺ Die Sahne mit dem Obstkraut verrühren und die Hörnchen damit bestreichen. Das erste Blech in den kalten Backofen (mittlere Schiene) schieben und die Hörnchen bei 180 °C (Umluft 160 °C, Gas Stufe 3) etwa 25 Minuten backen, bis sie goldgelb sind. Auf einem Kuchengitter abkühlen lassen.

❻ Die Hörnchen auf dem zweiten Blech anschließend in etwa 20 Minuten ebenfalls goldgelb backen.

► **Pro Portion**
512/123 kJ/kcal • 2 g Eiweiß
5 g Fett • 15 g Kohlenhydrate
1 g Ballaststoffe • 10 mg Cholesterin

Pistazien sind reich an Kalzium. Diesen Mineralstoff nimmt der Körper am besten auf, wenn man die Nüsse mit Milch kombiniert. Deshalb für den Teig Milch statt Wasser und zum Bestreichen Sahne statt Eigelb nehmen.

Gemüse-Saisonkalender

	Jan	Febr	März	April	Mai	Juni	Juli	Aug	Sept	Okt	Nov	Dez
Artischocke	○	○	●	●	●			○	○	○	○	○
Aubergine	○	○	○	○	●	●	●	●	○	○	○	○
Staudensellerie	○	○	○	○	○	○	●	●	●	●	○	○
Blumenkohl	●	●	●	●	●	●	●	●	●	●	●	●
Bohnen, grün			○	○	○	●	●	●	●	○	○	○
Brokkoli		○	○	○	○	○	●	●	●	●	○	
Champignons	●	●	●	●	●	●	●	●	●	●	●	●
Eisbergsalat	○	○	○	○	●	●	●	●	●	●	○	○
Endiviensalat	○	○	○	○			○	○	●	●	●	○
Erbsen, grün				○	○	●	●	●	○			
Fenchel	●	●	●	●	●	●	●	●	●	●	●	●
Kohlrabi			○	○	○	○	●	●	●	●	●	○
Kopfsalat	○	○	●	●	●	●	●	●	●	●	○	○
Kürbis							○	●	●	●	●	○
Karotten	●	●	●	●	●	●	●	●	●	●	●	●
Paprika	○	○	○	○	○	●	●	●	●	●	●	○
Petersilie	●	●	●	●	●	●	●	●	●	●	●	●
Porree/Lauch	●	●	●	○	○	○	○	●	●	●	●	●
Radieschen	○	○	○	○	●	●	●	●	●	○	○	○
Rosenkohl	●	●	○	○					●	●	●	●
Rote Bete	●	●	○	○					●	●	●	●
Rotkohl	●	●	●	○	○	○	●	●	●	●	●	●
Salatgurken	●	●	●	●	●	●	●	●	●	●	●	●
Sellerieknollen	●	●	●	○	○			○	●	●	●	●
Spargel		○	○	●	●	●						
Spinat	○	○	●	●	●	○	○	○	●	●	○	○
Tomaten	○	○	○	●	●	●	●	●	●	●	●	○
Weißkohl	●	●	●	●	○	○	○	○	●	●	●	●
Wirsing	●	●	●	●	●	○	○	○	●	●	●	●
Zucchini	○	○	○	○	○	●	●	●	●	●	●	○

○ = Monate mit geringem Angebot ● = Monate mit starkem Angebot

Obst-Saisonkalender

	Jan	Febr	März	April	Mai	Juni	Juli	Aug	Sept	Okt	Nov	Dez
Ananas	●	●	●	●	○	○	○	○	●	●	●	●
Äpfel	●	●	●	●	○	○	○	●	●	●	●	●
Apfelsinen	●	●	●	●	●	●	○	○	○	○	●	●
Aprikosen					○	●	●	●	○			
Avocados	●	●	●	●	○	○	○	○	○	●	●	●
Bananen	●	●	●	●	●	●	●	●	●	●	●	●
Birnen	○	○	○	○	○	○	○	●	●	●	○	○
Brombeeren							○	●	●	○		
Datteln (frisch)	○	○	○	○	○	○	○	○	●	●	○	○
Erdbeeren			○	○	●	●	●	○			○	○
Feigen (frisch)	○	○	○	○	○	○	○	●	●	●	●	○
Grapefruits	●	●	●	●	○	○	○	○	○	●	●	●
Heidelbeeren						○	●	●	○			
Himbeeren						○	●	●	○			
Holunder									○	●	○	
Johannisbeeren						○	●	●				
Karambolen	●	●	●	○	○	○	●	●	●	●	○	○
Kirschen, süß					○	●	●	○				
Kirschen, sauer						○	●	●	○			
Kiwis	●	●	●	●	●	●	●	●	●	●	●	
Limetten	●	●	●	●	●	●	●	●	●	●	●	●
Mangos	●	●	●	●	●	○	○	○	○	○	○	●
Mirabellen						○	●	●	○			
Papayas	●	●	●	●	●	●	●	●	●	●	●	●
Pfirsiche				○	○	●	●	●	○	○	○	
Quitten										●	●	●
Rhabarber	○	○	○	●	●	●	○					
Stachelbeeren						●	●	●				
Weintrauben	○	○	○	○	○	○	●	●	●	●	○	○
Zwetschen					○	●	●	●	○			

○ = Monate mit geringem Angebot ● = Monate mit starkem Angebot

Wer garantiert Bio-Lebensmittel?

Weltweit gibt es eine Reihe von Erzeugerorganisationen, die Lebensmittel aus kontrolliert-ökologischem Anbau und artgerechter Tierhaltung garantieren.

- ANOG: Arbeitsgemeinschaft für naturnahen Obst-, Gemüse- und Feldfruchtanbau
- Biokreis Ostbayern
- Bioland: Fördergemeinschaft organisch-biologischer Land- und Gartenbau e.V.
- BÖLA: Bundesverband für ökologisch-biologische Landprodukte e.V.
- Bundesverband Ökologischer Weinbau e.V.
- Demeter und Biodyn: Forschungsring für Biologisch-Dynamische Wirtschaftsweise
- Naturland: Verband für naturgemäßen Landbau e.V.

Internationale Verbände für alternativen Landbau:

- in Australien: NASAA (National Association for Sustainable Agriculture)
- in Frankreich: Die Produkte erkennt man am Zeichen »Ab« (Agriculture biologique)
- in Großbritannien und Irland: The Soil Association
- in Italien: Bioagricoop, Consorzio Friulano Agricoltori Biologici, Coordinamento Toscano Produttorie Biologici, Il salto und Suolo e Salute
- in den Niederlanden: EKO mit drei Sternen oder zwei Sternen (Umstellungsbetrieb)
- in Österreich: Dachverband für ökologische Lebenssicherung, Fördergemeinschaft für gesundes Bauerntum und Verband organisch-biologisch wirtschaftender Bauern Österreichs
- in der Schweiz: Vereinigung schweizerischer biologischer Landbau-Organisationen
- in Spanien: Umbela oder Vidasana
- in Ungarn: Biokultúra
- in den USA: CCOF (California Certified Organic Farmers), Erntedank, FVO (Farm Veriefied Organic), MOFGA (Maine Organic Farmers and Gardeners Association) und OCIA (Organic Crop Improvement Association)

Garantiert biologische Lebensmittel dieser Verbände bekommen Sie in Naturkostläden, Reformhäusern, auf (Wochen)Märkten und bei manchen Einzelhändlern.

Rezeptregister

Sachregister

Zutatenregister

Die Autorin
Barbara Rias-Bucher, Mitglied des Food Editors Club Deutschland, arbeitet seit 1979 als freie Autorin für renommierte Buchverlage. Über 60 Kochbücher sind von ihr erschienen. Barbara Rias-Bucher gilt als die Spezialistin für vegetarische und vollwertige Ernährung.

Der Fotograf
Karl Newedel arbeitet als Food-Fotograf und Food-Stylist in München. Bevor er sich ganz dem Styling und der Fotografie verschrieb, war Newedel elf Jahre lang als gelernter Koch und Küchenchef in der internationalen Spitzengastronomie tätig. Seine Fotos strahlen diese Liebe zum Kochen aus. Sämtliche in diesem Buch abgebildeten Gerichte wurden auch von ihm gekocht.

Herzlichen Dank an
- Sönke Zillmann
  BIOGARTEN Handels GmbH
  Naturkost und Naturwaren
  Liebigstraße 3-5, D-40721 Hilden
- Marita Odia
  Bundesverband Naturkost Naturwaren
  Robert-Bosch-Straße 6, 50354 Hürth
- Tina Pohl
  Naturata eG, Postfach 1262
  D-97912 Lauda-Königshofen
- Anke Klein
  Rapunzel Naturkost AG
  Haldergasse 9, D-87764 Legau

Sie alle haben die Autorin mit Informationen und Requisiten bei diesem Buch unterstützt.

Anmerkung der Redaktion
Diesem Buch liegt die im Juli 1996 in Wien beschlossene und ab 1. August 1998 verbindliche Neuregelung der deutschen Rechtschreibung zu Grunde.

Impressum

2. Auflage 1997

Lektorat: Christine Pfützner
Projektleitung: Michaela Röhrl
Redaktionsleitung: Dr. Reinhard Pietsch
Bildredaktion: Bettina Huber
Fotografie: Karl Newedel
Foto-Assistenz: Kerstin Groh, Tina Nunnenmacher
Testküche: Luise Herrmann, Renate Jocham, Roswitha Ladwig
Produktion: Manfred Metzger
Layout und Umschlaggestaltung: Manuela Hutschenreiter
Plakat: Manuela Hutschenreiter
DTP/Satz: Elke Löb

Printed in Italy
Gedruckt auf chlor- und säurearmem Papier

ISBN 3-517-07558-2